CHRISTA KLUS-NEUFANGER | BRIGITTE GOSS

UND WIE KOMMT DAS JETZT IN DIE ERDE?

*Step by Step
vom Pflanztopf
bis zur herrlichen
Pflanze*

CHRISTA KLUS-NEUFANGER | BRIGITTE GOSS

UND WIE KOMMT DAS JETZT IN DIE ERDE?

*Step by Step
vom Pflanztopf
bis zur herrlichen
Pflanze*

INHALT

DIE BASICS

BESUCH MIT FOLGEN: IM GARTENCENTER

Es muss nicht Frühjahr oder Herbst sein. Für viele Menschen ist das Gartencenter immer ein Ort der Versuchung. Eine unbekannte Pflanzenschönheit oder ein verlockender Blütenduft, wupps, schon ist die »Beute« im Einkaufswagen. Daheim stellt sich dann die Frage: »Und wie kommt das jetzt in die Erde?«

Shopping-Tour im Gartencenter: für Pflanzenfans ein wahrer Leckerbissen!

Wer aus Erfahrung weiß, was er sich da in den Garten oder auf den Balkon geholt hat, tut sich leicht. Wahrscheinlich hat er schon den geeigneten Platz im Auge und hält die passende Pflanzerde bereit. Das Einpflanzen selbst geht dann fix über die Bühne. Ab jetzt kann man sich zurücklehnen, sich an dem Neuzugang freuen und ihm beim Wachsen zusehen.

Meistens kommt's umgekehrt: Man hat sich in den Bann einer »schönen Unbekannten« ziehen lassen, die jetzt hoffnungsvoll aufs Einpflanzen wartet. Auf gut Glück kann man sie irgendwo in der Erde versenken und das Beste hoffen. Vielleicht gibt's ja auch Hilfestellung in Form eines Pflanzetiketts. Dort ist aber meist nur stichpunktartig vermerkt, wie die Pflanze in Zukunft wachsen will. Muss man dem überhaupt viel Bedeutung beimessen?

Auf jeden Fall! Die Wünsche der Pflanze nimmt man besser ernst, denn schließlich ist sie ein lebendiges Wesen und kein Möbelstück, das man willkürlich irgendwo in der Wohnung platzieren kann. Wenn's ihr an dem von Ihnen ausgesuchten Platz nicht gefällt, bringt sie das oft schon nach kurzer Zeit deutlich zum Ausdruck: Die Blüten fallen ab, die Blätter vergilben. Man glaubt ja gar nicht, auf wie verschiedene Weise eine Pflanze ihren Unmut kundtun kann!

HIER IST GUT WURZELN

Schnell hat man sich als Hobbygärtner in eine Pflanze verliebt. Ob diese Liebe erwidert wird, hängt schlichtweg davon ab, inwieweit man gewillt ist, auf die Bedürfnisse der Pflanze einzugehen. Aber das tut man natürlich, wenn die Beziehung gut sein soll! Pflanzen sind in dieser Hinsicht relativ einfach gestrickt – es geht ihnen im Wesentlichen immer nur um die gleichen Dinge:

• ausreichend viel **Wärme**,

• das richtige Maß an **Licht** oder Schatten und

• den passenden **Boden**.

Doch keine Angst: Nicht jede Pflanze braucht Sonderbehandlung, viele lassen sich in Gruppen einordnen. Die Pflege erfolgt dann mehr oder weniger nach der Devise: »Kennst du eine, kennst du alle.«

INDIVIDUELLER WOHLFÜHLBEREICH

Pflanzen sind »Gewohnheitstiere«. Ihre Herkunft aus einer bestimmten Klimazone können sie nicht verleugnen, auch wenn sie schon seit Jahrhunderten bei uns kultiviert werden. Was ist also wichtig?

Der Lichtfaktor

Jede Pflanze hat eine genaue Vorstellung davon, wie viel Licht sie braucht. Pflanzen, die gerne im Schatten wachsen, sind ursprünglich im Wald zu Hause, viele Lichtpflanzen stammen aus hellen Regionen, etwa einer Steppe oder Prärie. Toleranter gegenüber dem Faktor Licht zeigen sich Schattenpflanzen: Wenn sie gut mit Wasser und Nährstoffen versorgt werden, halten sie es auch an einem sonnigeren Platz aus. Sonnenanbeter hingegen kommen mit Lichtmangel weit weniger gut zurecht, er kann nicht kompensiert werden.

Wer bewusst durch den Garten geht, wird erstaunt sein, was alles Schatten wirft: das Wohnhaus, die Bäume des Nachbarn, aber auch das Gartenhäuschen oder die

Farbe, Duft, Gestalt – es gibt so vieles, was eine Pflanze für uns reizvoll macht.

Die Pflanze treibt gerade aus: ein guter Zeitpunkt zum Kauf!

9

Tomatenpflanzen. Im Auge behalten sollte man auch, dass sich die Lichtverhältnisse verändern können, etwa wenn die Bäume in die Höhe schießen. Was heute gerade mal 2 Meter hoch aufragt, kann in ein paar Jahren lange Schatten werfen! Um zu entscheiden, wie es um die Lichtverhältnisse an einem bestimmten Platz bestellt ist, schaut man ihn sich am besten zu verschiedenen Tageszeiten an, wer Zeit hat, auch im Laufe eines ganzes Jahres.

Zudem sind die Übergänge zwischen den Lichtverhältnissen fließend. Grundsätzlich gilt: Wer nach dem sonnigsten, hellsten Platz für sich oder seine Pflanzen sucht, findet ihn am ehesten auf einer Südost-, Süd- oder Südwestseite bzw. vor einer Mauer, die in die entsprechende Himmelsrichtung zeigt.

Bäume mit lichter Krone wie Kiefer oder Eiche sorgen für leichten Schattenwurf. Im Halbschatten darunter können viele Pflanzen gedeihen, sofern sie nicht durch die Baumwurzeln, die viele Nährstoffe beanspruchen, beeinträchtigt werden.

Stammt der Schatten von Bäumen mit dichter Krone wie Buche oder Kastanie, so wachsen am Boden oft nur wenige Farne und Schattengräser. Sehr stark kann sich auch der Schattenwurf eines Gebäudes auswirken, allerdings haben die hier wachsenden Pflanzen dann nicht mit der Wurzelkonkurrenz der Bäume zu kämpfen.

Der Temperaturfaktor

Arten, die in unseren Breiten heimisch sind, haben sich an kalte Winter gewöhnt – sie besitzen die nötige »Winterhärte« oder überwintern unterirdisch mithilfe eines Wurzelstocks. Mediterrane Pflanzen brauchen dagegen geschützte Lagen oder etwas Fürsorge (> Seite 11). Manche Züchter geben Winterhärtezonen (> Service, Seite 139) für ihre Pflanzen an. So kann man ableiten, ob sie einen »Durchschnittswinter« an einem bestimmten Ort überstehen. Sensibelchen aus den Tropen sind im Kübel besser aufgehoben. Dann können sie im Notfall nach drinnen.

An Temperatur und Winterkälte lässt sich nun mal nichts ändern, aber man kann für jede Pflanze den am besten geeigneten Platz wählen. Vorteile haben z. B. Gärtner in der Stadt: Sie haben weniger mit Frost zu kämpfen, denn nachts strahlen die Häuserwände in den Straßen die tagsüber gespeicherte Wärme ab, es ist deshalb in der City immer ein paar Grad wärmer als im Umland. Genauso gibt es innerhalb eines Gartens Zonen mit »Wohlfühlklima« – meist sind das die Plätze, an denen man sich auch als Mensch am liebsten aufhält.

Lichtbedarf

Je nach Lichthunger wünschen sich Pflanzen folgende Standorte:

- Vollsonnig: Sonnenlicht von Sonnenaufgang bis -untergang.
- Sonnig: mehr als 6 Stunden Sonne pro Tag, Sonne ab Mittag.
- Absonnig: viel Sonne, allerdings nicht während der Mittagsstunden; oft findet man solche Plätze an Nordhängen.
- Halbschattig: mehr als die Hälfte des Tages lichter Schatten, keine pralle Mittagssonne.
- Schattig: ganztägig voller Schatten.

• Eine wärmebegünstigte Lage findet sich meist direkt am Haus oder an einem nach Süden geneigten Hang. Kein Wunder, dass hier im Frühjahr die Vegetation als Erstes zu wachsen beginnt. Die Kehrseite der Medaille: An heißen Sommertagen kommt es hier oft zu Hitzestau und Wassermangel.

• Nordseiten erwärmen sich langsamer. Richtig frostig geht es oftmals auch in Geländemulden her, wo sich »Kaltluftseen« bilden können. Dort ist der Boden immer am längsten gefroren. Entsprechend verzögert sich der Austrieb im Frühjahr. So sind die Pflanzen aber auch weniger von Spätfrösten gefährdet.

Das Klima beeinflussen

Man kann etwas tun, damit sich Pflanze (und Mensch) im Garten wohler fühlen:

• Schutz vor austrocknenden Winden lässt sich auf vielerlei Weise schaffen, etwa durch ein der Windrichtung vorgelagertes Gartenhaus oder indem man eine Hecke pflanzt. Letztere mindert die Windgeschwindigkeit um bis zu 80 Prozent, und das in einer Reichweite, die dem Fünffachen ihrer Höhe entspricht. Innerhalb dieser grünen Umrandung kann man dann auch empfindlichere Pflanzen kultivieren. Die Alternative: Man verzichtet auf Arten mit großen Blättern oder solche, die leicht vom Sturm geknickt werden.

• Hohe Bäume sorgen für Sonnen- und Windschutz und schaffen dadurch ein Ambiente, in dem sich viele kleinere Pflanzen, wie Stauden oder Rhododendron, wohlfühlen. Dafür nehmen diese in Kauf, dass sie sich Nährstoffe und Wasser mit den großen Partnern teilen müssen.

• Vor kalten Winden schützen zudem Matten oder ein Abdeckvlies. Wo die Wurzeln oberflächennah wachsen und deshalb kälteempfindlich sind, kann eine frostabweisende Bodenabdeckung in Form von Gras- oder Laubmulch helfen.

• In Regionen mit viel Schnee sollte man die weiße Last von den (immergrünen) Bäumen schütteln, Säulenformen bindet man zusammen.

Sonne oder Schatten? Für jeden Standort gibt es Pflanzen, die sich genau dort pudelwohl fühlen.

Im Halbschatten kann neben Blüten auch Blattwerk punkten. Es gibt so viele herrliche Grünschattierungen!

STANDORTFAKTOR BODEN

Über die Wurzeln wird die Pflanze mit Nährstoffen und Wasser versorgt. Im Boden ist beides mal mehr, mal weniger enthalten. Als Gärtner hat man dafür zu sorgen, dass die Pflanze mit allem, was sie zum Wachsen braucht, ausreichend versorgt ist. Dazu ist es nötig, dass die Wurzeln überhaupt erst einmal Fuß fassen.

Wer die Eigenschaften »seines« Bodens kennt, kann abschätzen, was gut gedeiht.

Den Boden kann man sich vorstellen wie ein Stück Schwamm. Er besteht zum einen aus **festen Bestandteilen**. Wie groß die einzelnen Partikel sind und wie viele Nährstoffe sie enthalten, hängt vom Ausgangsmaterial ab. Dazwischen liegen **Hohlräume**, in denen Platz für Wasser, Sauerstoff und gelöste Nährstoffe ist. Bis zu 50 Prozent des Bodenvolumens machen diese Poren aus. Die Wurzeln der Pflanzen wachsen in die Hohlräume und nehmen sich, was sie brauchen. Fehlt Luft in den Poren, so können die Wurzeln nicht (ausreichend) »atmen«.

Vom Schwamm unterscheidet sich der Boden jedoch in einem entscheidenden Punkt: Wringt man den Schwamm aus, so kehrt er wieder in seine Ursprungsform zurück. Wird hingegen ein Boden zusammengepresst, d.h. verdichtet, so gehen die Poren verloren und damit die Speicher für Wasser und Luft. Erstes Ziel beim Gärtnern ist es, dass es zu diesem Verlust gar nicht erst kommt bzw. dass der Boden wieder an Volumen gewinnt. Doch dazu mehr ab Seite 16.

Der liebe Gott hat das Geheimnis, wie man gute Erde macht, dem Regenwurm anvertraut.

Groß wie Sandkörner (rechts) oder klein wie Tonpartikel – zwischen diesen Extremen bewegt sich die Bodenstruktur. Dunkle Farbe (links) spricht für viel Humus und damit reichlich Pflanzennahrung.

BODENARTEN

Bei den Böden gibt es zwei Extreme. Ein **Sandboden** besteht aus großen Partikeln. Wenn man ihn in die Hand nimmt, zerrinnt er einem quasi zwischen den Fingern – da werden sofort Erinnerungen an den Strandurlaub wach! Sandböden sind leicht, im Frühling erwärmen sie sich schnell, die Wurzeln fangen früh an zu wachsen. Die Kehrseite der Medaille: Sandböden können Wasser und Nährstoffe schlecht zwischen den Körnern speichern, beides wird schnell nach unten und außer Reichweite der Wurzeln ausgewaschen und steht dann den Pflanzen nicht mehr für ihr Wachstum zur Verfügung.

Das andere Extrem ist ein **Tonboden**. Er besteht aus winzig kleinen Partikeln, und die Zwischenräume sind so klein, dass sie für Wurzeln wie auch Gartengeräte fast undurchdringlich sind. In feuchtem Zustand lässt er sich zwischen den Fingern wie Plastilin formen, trocken kann er so fest sein wie Beton. Tonboden braucht im Frühjahr lange, bis er sich erwärmt. Nährstoffe und Wasser werden gut festgehalten – bisweilen so fest, dass die Wurzeln beides nicht »loseisen« können. Zudem herrscht oft Luftmangel; die Pflanzen bekommen dann Atemnot, ihre Wurzeln verfaulen. Zwischen diesen Extremen liegen alle anderen Gartenböden, wobei Größe und Anzahl der Partikel in weiten Grenzen variieren können. Negative Eigenschaften weisen vor allem einseitige Bodenarten auf. Doch es gibt Verbesserungsmöglichkeiten. Ein probates Mittel – den Humus – stellt die Natur selbst bereit.

Wuchsprobleme oder Mangelerscheinungen? Eine Bodenanalyse hilft weiter!

WUNDERWAFFE HUMUS

Humus, das sind die Überbleibsel aller pflanzlichen und tierischen Lebewesen, die im Laufe der Zeit auf dem Boden absterben und wieder in ihre Ursprungsbestandteile zerfallen. Humus ist ein tolles Recycling-Produkt und sorgt dafür, dass der Boden aufs Neue mit Feuchtigkeit, Nährstoffen und Luft angereichert wird. An seiner Erzeugung sind viele kleine Bodenlebewesen beteiligt. Und mit »viele« sind richtig viele gemeint: In 0,3 Kubikmeter Boden hausen 1,6 Billionen Lebewesen. Nur zum Vergleich: Menschen gibt's gerade mal siebeneinhalb Milliarden auf der Erde. Alle organischen Stoffe werden von den Bodenbewohnern zerkaut und wieder ausgeschieden. Mischt man einen Sandboden mit Humus, so lagert sich Letzterer in die Zwischenräume ein und hilft, Wasser und Nährstoffe besser zu binden. Reichert man einen Tonboden mit Humus an, so wird das Gefüge lockerer. Der Austausch von Nährstoffen, Luft und Wasser vereinfacht sich. Die Bodenlebewesen sorgen dafür, dass die Hohlräume ständig erneuert werden.

Der »Bauch des Gartens«: Im Kompost wandeln Bodenlebewesen Abfälle in organischen Dünger um.

DER IDEALE BODEN

Vorneweg zum Trost: Den idealen Gartenboden, der für alle Pflanzen passend ist, gibt es nicht. Aber jede Bodenart kann man verbessern! Ziel ist ein Boden,
• der aus feineren und gröberen Teilchen besteht, die durch Humus zu einer feinkrümeligen Textur verbunden sind.
• mit lockerer Struktur, in dem viele Hohlräume vorhanden sind. Diese brauchen die Wurzeln zum Wachsen. In verdichtetem Boden leben viele Bodenlebewesen, die unter Sauerstoffmangel »arbeiten«. Sie erzeugen Abfallprodukte wie Methan, die den Pflanzen nicht bekommen«.
• bei dem das Wasser nicht im Untergrund steht. Diese »stauende Nässe« mögen die wenigsten Pflanzen. Den Wurzeln geht regelrecht die Puste aus, sie beginnen zu faulen.

DAS TUT DEM BODEN GUT

Es gibt viele Möglichkeiten, den Boden aufzubereiten. Eine wurde bereits angesprochen:
• Dem Gartenboden kann man Humus in Form von **Komposterde** zuführen. Diese sollte möglichst RAL-zertifiziert sein, also ein Gütesiegel tragen. Mit Vorsicht zu genießen sind die aus Bioabfall hergestellten Erden, wie man sie häufig beim Wertstoffhof kaufen kann. Hierbei

TIPP: Alles, was man als Gärtner rund um den Boden unternimmt, hat nur ein Ziel: Es soll ein Kreislauf in Gang gesetzt werden, in dem die Pflanzen durch Nährstoffe versorgt werden, die aus ihren eigenen »Abfällen« stammen. Die »Umwandlung« besorgen die Bodenlebewesen, die unter für sie passenden Bedingungen arbeiten dürfen.

Sonnenblume und Bienenfreund lockern den Boden mit ihren Wurzeln auf. Und sie sehen hübsch aus!

ist nicht immer klar, woher sie stammen und was beigemischt wurde. Besonders wenn man Gemüse anbauen will, sollte man sich erkundigen, welche Komponenten enthalten sind und ob Labortests vorliegen. Schließlich können Schadstoffe über die Ernte auch im Körper landen. Gärtner-Profis verwenden fachkundig gemischte Erden, bei größeren Mengen lohnt es sich, diese von der Fachfirma anliefern zu lassen! Immerhin: 50 Liter Humus pro Quadratmeter Gartenboden dürfen es schon mal sein! Und dann gibt's viel zu tun: Die Komposterde wird in einer 5 Zentimeter dicken Schicht ausgebracht und danach mit einer Harke etwa 10 Zentimeter tief in den Boden eingearbeitet.

• **Gründüngungspflanzen** wirken sich ebenfalls positiv auf die Bodenqualität aus. Die Bezeichnung »Gründüngung« ist allerdings etwas irreführend, denn eine direkte Düngewirkung kann man nicht mit ihnen erzielen. Leguminosen wie Lupinen, Wicken, Luzerne oder Klee lockern aber zum einen mit ihren starken Wurzeln den Boden bis in tiefe Schichten auf. Manche der Pflanzen sind außerdem in der Lage, Stickstoff aus der Luft zu binden. Wird die Gründüngung – man kann sie als Fertigmischung kaufen – nach einiger Zeit abgemäht und liegen gelassen, so ziehen die Reste Bodentierchen wie Regenwürmer magisch an. Was die dann genau mit dem Grünabfall tun, können nur Chemiker und Biologen verstehen. Es reicht, wenn man dem französischen Sprichwort vertraut, das besagt: »Der liebe Gott weiß, wie man fruchtbare Erde macht, und er hat sein Geheimnis den Regenwürmern anvertraut.«

• Neben Humus können gezielt andere Stoffe eingebracht werden, welche die **Bodeneigenschaften verbessern**. Tonböden lockert beispielsweise grober gewaschener Sand auf.

Das Tonmineralmehl Bentonit sorgt dafür, dass Wasser und Nährstoffe besser gespeichert werden können. Und nicht zuletzt bewirkt das Aufbringen von Mulch, dass sich vermehrt Bodenlebewesen einstellen und der Humusanteil steigt.

• **Organische Dünger** können tierischen und pflanzlichen Ursprungs sein. Hornspäne sind der Klassiker tierischen Ursprungs. Sie versorgen den Boden mit Stickstoff, den vor allem stark wachsende Pflanzen benötigen. Je feiner das Horn gemahlen ist, desto schneller setzt die Düngewirkung ein. Bei groben Hornspänen kann das bis zu sechs Wochen dauern, weil diese erst von Bodenorganismen zerkleinert werden müssen. Neu und empfehlenswert sind auch Universaldünger aus Malzkeimen. Das damit versorgte Obst und Gemüse soll laut wissenschaftlicher Studien sogar noch zusätzlich an Geschmack gewinnen. Ob Hornspäne oder Malzkeime – für beide Düngerarten gilt: Organische Dünger wirken erst, wenn Bakterien mit von der Partie sind. Die können ihre Arbeit allerdings nur mit Sauerstoff erledigen. Organischer Dünger gehört deshalb nicht in ein tiefes Pflanzloch. Um seine Wirkung zu entfalten, muss er oberflächlich eingearbeitet werden. Bitte stets die Düngeempfehlungen auf der Verpackung beachten. Auch bei organischen Düngern kann man zu viel des Guten tun!

UND WAS IST MIT UMGRABEN?

Im Herbst war das früher für jeden Gärtner eine Selbstverständlichkeit: Spaten raus und umgraben. Dadurch wurde der Boden deutlich sichtbar gelockert, aber auch gründlich auf den Kopf gestellt. Das gefällt den vorher schon lobend erwähnten Bodenorganismen überhaupt nicht. Unter einer mit Pflanzen bewachsenen Fläche haben sich deren zahlreiche Angehörige nämlich häuslich eingerichtet und Wohnflächen verteilt. Diese WG wird jetzt in helle Aufregung versetzt. Lebewesen aus den oberen Etagen, wo es viel Sauerstoff gibt, finden sich plötzlich im Parterre wieder und sterben gegebenenfalls an Sauerstoffmangel, Trockenheit oder zu viel Wasser. Organismen aus dem Kellergeschoss sehen plötzlich das Tageslicht, was ihnen ebenfalls gar nicht behagt. Die Unruhe sorgt in jedem Fall dafür, dass die Umwandlung von organischer Substanz in Humus und pflanzenverfügbare Nährstoffe eine Zeit lang gestört, schlimmstenfalls außer Kraft gesetzt wird. **Fazit**: In einem »normalen« Garten sollte man vom Umgraben absehen und den Boden allenfalls lüften. Dazu sticht man mit der Grabegabel in die Erde, hebt sie ein Stück ab und setzt sie dann wieder nach unten.

Sonderfall Neubauwüste

Da steht das neu gebaute Haus nun in seiner ganzen Pracht und drum herum nur Ödnis: ein Durcheinander aus Bauschutt, Steinen und Boden, dazwischen Fahrspuren, die sich bei

Ein mit der Grabegabel gelockerter Erdboden ist gut durchlüftet und nimmt deutlich besser Wasser auf.

Für tiefe Pflanzlöcher – etwa für Rosen – muss auch mal der Erdbohrer ran.

Regen in ein Feuchtbiotop verwandeln. Mit etwas Glück ist der humusreiche Oberboden, man nennt ihn auch Mutterboden, in einer Grundstücksecke gelagert worden. Bei einer so stark verdichteten Fläche müssen Spaten und Erdbohrer zum Einsatz kommen. Wer die Fläche großräumig lockern will, gräbt am besten 2 Spaten tief um – das ergibt eine Lockerung von 40–50 Zentimetern. Alternativ kann man das Lockern maschinell von einer Fachfirma des Garten- und Landschaftsbaus durchführen lassen. Danach wird der Mutterboden wieder auf der Fläche verteilt. Reicht der Vorrat nicht aus – mit 0,3 Kubikmeter pro Quadratmeter sollte man kalkulieren –, so kann man Erde zukaufen. Dabei unbedingt auf Herkunft und Qualität achten (> Seite 14)!

Nachhaltiges Umgraben

Man darf sich keine Illusionen machen: Ein durch Umgraben gelockerter Boden bleibt nicht lange so. Schon der nächste Regenguss führt dazu, dass die Bodenteilchen ineinandergeschlämmt werden und sich dichter aneinanderlagern. Gleiches gilt, wenn man bei Regenwetter über die Fläche spaziert. Die Folge: Das Porenvolumen nimmt wieder ab. Diesem Prozess kann man Einhalt gebieten, wenn man

• dafür sorgt, dass ab jetzt die Bodenlebewesen die Lockerung übernehmen. Wie man sie dazu bringt, ist auf Seite 14–15 beschrieben.

• bald für Bewuchs sorgt. Allerdings muss man mit dem Pflanzen warten, bis sich der Boden wieder »gesetzt« hat. Ist die Erde noch zu locker, so können die Wurzeln nicht richtig Fuß fassen und die Pflanze dementsprechend nicht mit Nährstoffen und Wasser versorgen.

• Lücken in der Bepflanzung mit Mulch abdeckt. Diese Schicht aus Rasenschnitt oder Blättern wirkt wie ein schützendes Vlies: Feuchtigkeit wird im Boden gehalten, herabprasselnder Regen abgefedert, die Verdichtung durch Verschlämmung weitgehend verhindert. Und das Mulchmaterial ist willkommenes »Futter« für die Bodenlebewesen!

Eine Mulchschicht schützt den Boden. Gut eignet sich leicht angetrockneter Rasenschnitt – aber bitte dünn auftragen!

GEHÖLZE PFLANZEN

GESTATTEN: MEIN NAME IST GEHÖLZ

Bäume und Sträucher fallen in jedem Garten zuerst ins Auge. Sie prägen den Garten zu jeder Jahreszeit mit ihrem individuellen Charakter, sind attraktiv wie Skulpturen, hilfreich als Sicht- und Sonnenschutz und praktisch zum Kaschieren unschöner Ecken.

Kein Garten ohne Baum – die Ausstrahlung dieses Trompetenbaums ist enorm.

Mit Gehölzen kann man im Garten innere und äußere Grenzen ziehen, Sichtbarrieren oder Blickpunkte setzen. Es gibt sie in allen Größen, von winzig bis (fast) himmelhoch. 1700 Arten kommen für die Kultur infrage, entsprechend groß sind die Gestaltungsmöglichkeiten:

• Bäume sind die Riesen unter den Gehölzen, in der Natur können sie leicht mehr als 40 Meter hoch werden. Bei Gartenfreunden sind allerdings eher kleinere Vertreter mit weniger als zehn Metern Höhe gefragt oder auch Säulenformen, die schmal nach oben wachsen und sich mit einer Fläche von gut einem Quadratmeter begnügen. Oder Bäume mit Kugelkronen, die schön kompakt bleiben. Viele Bäume sind regelrechte Persönlichkeiten, die einem ans Herz wachsen und uns ein Leben lang begleiten (> Hausbaum, Seite 50). Man kann übrigens das Angenehme mit dem Nützlichen verbinden und einen Obstbaum pflanzen – er spendet Schatten, blüht im Frühjahr opulent, und im Herbst gibt es hoffentlich was zu ernten.

Immergrüne Zwergmispeln erobern kriechend ebene Flächen oder Mauern.

Jedes Gehölz ist auf seine Art apart: blühender Obstbaum in der Rabatte (links), Zwergkoniferen als immergrüner Kontrast zur eher kargen Steingarten-Welt (rechts)

• **Sträucher** bilden keinen Stamm. Sie treiben mit mehreren Ästen gleichzeitig aus der Erde aus und werden meist nicht höher als sechs Meter, die Grenzen zu den Bäumen sind fließend. Viele Sträucher pflanzt man wegen ihrer Blüten und Früchte. Wer nach Blühzeitkalender auswählt, kann sich fast ganzjährig über Blüten im Garten freuen! Als Hecken bilden Sträucher grüne Mauern. Auch Rhododendren zählen zu den Sträuchern, sie brauchen eine Sonderbehandlung (> Seite 31).

• Klein und gedrungen sind **Zwerggehölze**, die auch in Steingärten und Trögen gedeihen. In der Natur findet man sie hoch im Gebirge. Nur ein kompaktes Wachstum sichert ihnen unter diesen harschen Bedingungen das Überleben.

• Auf seitliche Expansion sind die **Bodendecker** ausgelegt. Sie sind dort gefragt, wo andere Pflanzen nur ungern wachsen oder die Pflege der Fläche schwierig ist. Dazu zählen steile Böschungen, an denen der Rasenmäher keine Chance hat und ständig die Erde abzurutschen droht. Oder Flächen, wo man sich rund ums Jahr einen grünen Teppich wünscht, der das Unkraut unterdrückt.

• Die **immergrünen Halbsträucher** zählen ebenfalls zu den Gehölzen. Für Lavendel, Salbei, Sommerflieder und Co. kann ein strenger Winter problematisch werden. Man pflanzt und schneidet sie deshalb im Frühjahr. Sie wirken gut in Gesellschaft von Stauden, darum werden sie dort auch vorgestellt (> Seite 87).

• **Rosen** (> Seite 53) wie auch viele **Kletterpflanzen** (> Seite 105) gehören ebenfalls zu den Gehölzen, genießen aber Sonderstatus.

Ein echter Hingucker: Japanische Zierahorne sind auch für kleinere Gärten gut geeignet.

AN BÖSCHUNGEN
*Bodendecker zur Begrünung und
Verhinderung von Erosion*

ALS HAUSBAUM
*kleinkronige Bäume
am Sitz- oder Spielplatz*

**ALS BEETEINFASSUNG
BZW. RAUMTEILER**
*niedrige oder mittelhohe
geschnittene Hecken*

AM GRUNDSTÜCKSRAND
*als Hecken, frei wachsend oder in
Form geschnitten, als Sichtschutz*

WOHIN MIT DEN GEHÖLZEN?

6 AM HAUS
als Spalier

5 ALS BLICKFANG
*markanter Strauch
in Einzelstellung*

**7 TROG- UND
STEINGARTEN**
*langsam wachsende
Zwerggehölze*

**IM LICHTEN
BAUMSCHATTEN**
Rhododendren

8

AN GRUNDSTÜCKSGRENZE
*als Spalierobst oder
Beerenhochstamm*

9

WAS DARF'S DENN SEIN?

Wer einen Strauch oder Baum für den Garten sucht, hat die Wahl: Sommergrüne Vertreter werfen im Herbst das Laub ab und sind im Winter kahl. Winter- und Immergrüne behalten ihre Blätter und Nadeln in der kalten Jahreszeit oder gar über mehrere Jahre. Bei den einen ist Sichtschutz nur in den warmen Monaten, bei den anderen ganzjährig gegeben. Weitere Eigenschaften, die ein Gehölz attraktiv machen, sind z. B. bunte Blätter, Blüten und Früchte oder – gerade im Winter ein Plus – eine farbige Rinde. Wie man das richtige Gehölz findet? Viele Baumschulen stellen ihr Sortiment in dicken Katalogen in Wort und Bild vor. Alternativ kann man sich auf der jeweiligen Website über eine Suchmaschine (> Service, Seite 138) zur Wunschpflanze durchklicken – und erhält dabei jede Menge Tipps zum Pflanzvorhaben. Und dann gibt's noch die klassische Methode: Man geht in die Baumschule und schaut sich vor Ort an, was einem gefällt. Da kann man sich dann auch gleich persönlich beraten lassen.

Auf einem aussage-kräftigen Etikett ist auch der botanische Name der Pflanze angegeben. So kann man sich als Käufer gut informieren.

Was sich Gehölze wünschen

Meist hat man recht schnell das passende Gehölz gefunden – zumindest was die Optik angeht. Bleibt aber noch die Frage, ob sich der Wunschkandidat an dem für ihn vorgesehenen Platz auch wohlfühlt. Nur wenn dessen Ansprüche mit den Gegebenheiten am künftigen Wuchsort übereinstimmen, wird sich das Erscheinungsbild der Pflanze – der »Habitus« – so entwickeln, wie wir uns das wünschen. Was also sollte man vorab klären?

• Passt der Boden? Keine Angst – obwohl viele Gartengehölze von fernen Kontinenten stammen, sind die meisten von ihnen in diesem Punkt leicht zufriedenzustellen. Problematisch wird es meist erst bei Staunässe (> Seite 14). »Extreme« Böden – also

TIPP: Auf dem Etikett an den Gehölzen ist meist wenig zu ihren Ansprüchen vermerkt. In diesem Fall sollten Sie unbedingt bei dem Fachpersonal vor Ort nachfragen! Oder vorab im Internet recherchieren.

solche mit hohem Sand- oder Tongehalt – kann man für fast jedes Gehölz gut aufbereiten (> Seite 14). Erkundigen Sie sich zudem nach Wasserbedarf und Hitzeverträglichkeit der Pflanzen. Gerade in sommertrockenen Gebieten braucht man Bäume, die ohne Bewässerung über die heißen Monate kommen. Im urbanen Bereich können Glasfassaden und Straßenzüge zu extremem Hitzestau führen. Kalkunverträgliche Pflanzen wie Rhododendron und Konsorten brauchen ohnehin eine Sonderbehandlung (> Seite 31).

• **Passt das Licht?** Sonne, Halbschatten oder Schatten – die Lichtbedürfnisse von Gehölzen können ganz unterschiedlich sein. Manchmal sieht man den Bäumen schon an, welche Ansprüche sie haben: Solche mit lockerer, luftiger Krone wie Kiefer, Eiche, Lärche oder Birke brauchen viel Licht, dichtkronige Bäume wie die Buche wachsen dagegen auch im (Halb-)Schatten. Manche ändern ihre Vorlieben zudem mit dem Alter: In der Jugend haben sie es lieber schattig, später darf's gern etwas mehr Sonne sein. Auf dem Etikett sind die Bedürfnisse mit Symbolen dargestellt.

• **Wie steht es mit der Winterhärte?** Im Winter gibt's bei uns Frost, daran kommen weder Gehölz noch Gartenbesitzer vorbei. Entsprechend sollte man Bäume oder Sträucher auswählen, die damit zurechtkommen, oder für entsprechenden Winterschutz sorgen. Es hilft, bei Baumschulen in der Region zu kaufen, sofern das Gehölz auch dort herangewachsen ist. Lässt man es sich dagegen aus dem norddeutschen Raum oder dem Rhein-Main-Gebiet schicken, so sind die Pflanzen an verhältnismäßig warmes, ausgeglichenes Klima gewöhnt. Ein Umzug in Mittelgebirgslagen oder ins Bergland kann zu Problemen führen.

Zum allseits bekannten und beliebten Kirschlorbeer gibt's noch einige Alternativen, die bei der heimischen Tierwelt besser ankommen.

Immergrüne Laubgehölze

Immergrün, großlaubig, dazu die glänzende Blattoberfläche – aufgrund ihrer attraktiven Erscheinung werden Kirschlorbeer und Glanzmispel nur zu gern als Hecke in der prallen (Winter-)Sonne gepflanzt. Dabei stammen sie aus wärmeren Regionen mit milden Wintern und ganzjährig hoher Luftfeuchtigkeit. Dort wachsen sie im lichten Schatten heran. Darum

• die Pflanzen im Herbst gut wässern und auch im Winter ab und an gießen, wenn der Boden nicht gefroren ist. Über ihre großen Blätter verdunsten sie zu jeder Jahreszeit viel Wasser.

• im Winter zum Schutz vor Sonne und austrocknenden Winden eine Schilfmatte aufstellen.

• den Boden rundum mit Laub abdecken, damit er weniger austrocknet und gefriert.

PLATZBEDARF: STEIGEND!

Der Standort wäre also geklärt! Dann können wir jetzt endlich einkaufen, oder? Nein – noch nicht. Es bleibt die Frage, ob das Gehölz auf Dauer nicht zu groß für den vorgesehenen Platz wird. Schließlich wächst ein Baum oder Strauch pro Jahr sowohl in die Breite wie auch in die Höhe. Wie schnell oder langsam das geht, ist meist in der Beschreibung der Pflanze vermerkt: »Kompakt und langsamwüchsig« kann da beispielsweise stehen oder »schnellwüch-

Nachbarschaftliche Abmachungen zur Gestaltung der gemeinsamen Grundstücksgrenze fixiert man am besten schriftlich.

sig«. Zumeist ist auch ein »Endformat« angegeben, also wie hoch und breit ein Gehölz in ausgewachsenem Zustand ist. Haben Sie einen Baum oder einen Strauch in die engere Auswahl gezogen, so vergleichen Sie bitte in jedem Fall die »Zielvorgaben« mit dem Freiraum, der in Ihrem Garten zur Verfügung steht. Wer gleich mehrere Gehölze pflanzen will, misst vorsichtshalber mit dem Meterstab nach – man verschätzt sich leicht!

Überlegen Sie sich auch, wie sich das Gehölz in zehn Jahren auf Ihren Garten auswirken wird, etwa durch seinen Schattenwurf. »Dann wird eben einfach die Schere herausgeholt«, werden Sie jetzt vielleicht nonchalant einwenden. Doch zum einen ist die Schneiderei zeitaufwendig, zum anderen verliert insbesondere ein malerisch wachsendes Solitärgehölz durch einen radikalen Rückschnitt seine Optik. Letztlich muss man sich dann doch entschließen, den Baum umzupflanzen oder zu fällen. Ersteres ist nach längerer Standzeit nur noch schwer möglich (> Seite 50), Letzteres lässt das Herz bluten und schmerzt den Geldbeutel.

Hilfe, es wird zu dicht!

»Wenn es nur schon so weit wäre, dass ich ans Schneiden denken könnte«, wird sich mancher Gärtner denken, der noch mitten im kahlen Neubaugrundstück sitzt. In diesem Fall kann man es meist gar nicht erwarten, bis die Sträucher endlich ineinanderwachsen und der Nachbar bzw. die Straße nicht mehr zu sehen sind. Enger pflanzen ist trotzdem keine gute Idee. Am Anfang sieht's noch ansprechend aus. Doch nur allzu schnell schließt sich die grüne Mauer, und das mit Folgen: Durch den engen Stand treiben sich die Gehölze gegenseitig in die Höhe, weil alle Triebe um einen Platz an der Sonne konkurrieren. Im Gegenzug werden die Sträucher rasch von unten her kahl. Wer jetzt die Schere ansetzt, muss damit rechnen, dass die Gehölze regelrecht auseinanderfallen, weil sie sich nicht mehr gegenseitig stützen.

Besser ist folgendes Vorgehen:

• Pflanzen Sie mit ausreichend Abstand, so kann sich jedes Gehölz gemäß seiner natürlichen Wuchsform entwickeln. Das Warten lohnt sich: Nach etwa fünf Jahren ist das Bild ansprechend!

• Wer mehrere Gehölze setzen will, platziert zuerst die besonders markanten Gestalten wie Bäume und größere Sträucher. Die Schokoladenseite in Richtung des Betrachters drehen! Als Nächstes folgen die kleineren Ziersträucher, die sich noch entwickeln sollen.

• Der Garten sieht noch leer aus, obwohl das Budget fast ausgeschöpft ist? Dann halten Sie Ausschau nach günstigen Füllsträuchern, die man nach dem Heranwachsen der Wunschkandidaten ohne Bedauern herausnehmen kann.

TIPP: Sprechen Sie sich vor der Pflanzung von Gehölzen mit dem Nachbarn ab. Das spart Platz, weil Sie die vorgeschriebenen Abstände zur Grundstücksgrenze nicht einhalten müssen, Geld, weil man zu zweit für die Neuanpflanzung zahlt, und Ärger.

So viel Abstand muss sein

Endbreite	Pflanzabstand
• < 80 cm	> 50 cm
• 80–300 cm	80–120 cm
• 300–800 cm	150–250 cm
• 800–1500 cm	300–700 cm

Verschiedene Wuchsformen: Forsythien gibt's als Hochstamm und Strauch.

DER EINKAUF

Viele Hobbygärtner sind erstaunt, wie groß die Preisunterschiede bei den Gehölzen sind, auch wenn es sich um dieselbe Sorte in der womöglich gleichen Größe handelt. Diese Spanne ist einfach zu erklären: Der Preis hängt davon ab, wie viel Zeit in der Baumschule in einen Gehölz-Zögling investiert wurde und wie lange die »Schulzeit« dauerte!

Alle Gehölze werden aus Samen oder Stecklingen angezogen. Am Anfang wachsen die Jungpflanzen eng nebeneinander, im Lauf der Zeit brauchen sie mehr Platz zur Entfaltung und werden umgepflanzt. Erst durch einen größeren Spielraum können sie ihre typische Form entwickeln. Überdies entwickeln alle Gehölze durchs Umpflanzen eine größere Anzahl neuer Wurzeln. Diese vielen Feinwurzeln ermöglichen es später, dass das Gehölz am neuen Standort rasch Fuß fasst, da sie die Pflanze mit Wasser und Nährstoffen aus dem Boden versorgen. Vor allem Nadelbäume wachsen so verpflanzt deutlich dichter und kompakter.

Der Porsche unter den Gehölzen

Eine echte VIP-Behandlung bekommen die Solitäre. So bezeichnet man einen Strauch oder einen Baum, der im Garten durch seine besonderen Eigenschaften alle Blicke auf sich ziehen soll. Meist handelt es sich um auffallend dekorative Pflanzen-Persönlichkeiten, wie etwa Japanische Zierahorne oder opulent blühende Sträucher. Um ihren besonderen Habitus entfalten zu können, haben sie in der Baumschule ohne Einschränkung – »im weiten oder extraweiten Stand« – wachsen dürfen. Auch dieser zusätzliche Platz schlägt sich im Preis nieder:
• Kleine Gehölze sind günstiger, fordern dem Gärtner allerdings mehr Geduld ab, denn hier dauert es etwas länger, bis sich die beabsichtigte Wirkung einstellt.
• Solitäre lassen den Garten »reifer« erscheinen. Mit ihnen läuft man weniger Gefahr, zu dicht zu pflanzen. Auch wenn sie teurer sind – ein paar sollte man sich gönnen.

Mit oder ohne?

Wurzelnackt, mit Ballen oder im Container – die jeweilige Angebotsform entscheidet unter anderem auch darüber, zu welcher Jahreszeit man die Gehölze pflanzen kann:
• **Wurzelnackt:** Pflanzen ohne Erdballen kann man nur wenige Wochen im Frühjahr und im Herbst kaufen, wenn die Gehölze auf dem Feld »gerodet«, d. h. mit einem Pflug aus der Erde geholt wurden. Vorteil ist der günstige Preis (Pflanzung > Seite 38–41).
• **Mit Ballen (m. B.):** Die Pflanzen werden mit einem Erdballen aus dem Feld ausgestochen. Dieser wird dann in Ballierleinen verpackt, das für größere »Brocken« auch durch ein Drahtgeflecht verstärkt sein kann (»mit Drahtballen«, m. D.) Hier geht nur ein kleiner Teil der

Gehölze im Topf kann man (fast) ganzjährig pflanzen. Dichte Moospolster sollte man vorher besser entfernen.

Ballierte Pflanzen (links) sind günstiger als Containerpflanzen (rechts). Allerdings kann man Erstere nur in der Vegetationsruhe bis etwa Anfang Mai erwerben und im eigenen Garten einsetzen.

Wurzelmasse verloren, der Pflanzzeitraum ist länger als bei wurzelnackten Pflanzen, er erstreckt sich von Oktober bis April (Pflanzung > Seite 36–37).

• **Containerpflanzen:** Diese Pflanzen sind in den Töpfen herangewachsen, man kann sie ganzjährig in den Garten setzen – solange der Boden frostfrei ist. Containerpflanzen wachsen normalerweise am neuen Standort gleich weiter (Pflanzung > Seite 32–35).

TIPPS ZUR PFLANZUNG

Nicht gepflanzt wird bei nassem und gefrorenem Boden. Ansonsten gilt:

• Unabhängig von der »Wurzelverpackung« pflanzt man laubabwerfende Gehölze zwischen Laubfall und Blattaustrieb. Immergrüne Laub- und Nadelgehölze kommen ab September – nach dem Ausreifen der Triebe – und dann wieder zum Austriebsbeginn in den Boden. Das Einwurzeln soll vor dem Winter erfolgen, damit die Pflanze auch in der kalten Jahreszeit mit Wasser versorgt wird. Neue Faserwurzeln bilden sich bei Bodentemperaturen über 5 °C.

• In der Umpflanzphase empfindliche Gehölze wie z. B. Birke, Walnuss, Magnolie verpflanzt man am besten im Frühjahr, ebenso wärmeliebendes Obst wie Trauben, Kiwi oder Aprikosen. Auch bei nassen, schweren Böden ist eine Frühjahrspflanzung besser. Warten Sie, bis die Winternässe gewichen ist, sonst kommt es beim Herumstapfen zu Verdichtung.

• In sommertrockenen Gebieten und Regionen mit Jahresniederschlägen von unter 600 mm ist eine Herbstpflanzung generell zu empfehlen. Ansonsten muss man ständig gießen.

Das steht auf dem Etikett:

Einheitliche Qualitätsstandards sind gewährleistet, wenn man bei einem Mitglied des »Bund Deutscher Baumschulen« kauft. Wichtige Abkürzungen:

• 2xv = 2-mal verpflanzt
• 3xv = 3-mal verpflanzt
• ew = extraweiter Stand
• Zahlen wie »12–14« besagen bei Bäumen, wie dick der Stammumfang in Zentimetern ist.

Hilfe – hungrige Wühlmaus im Anmarsch!

Tierische »Mitesser« sind im Garten meist geduldet. Richtig ärgerlich sind aber Wühlmäuse, die in den Garten einwandern. Die Feinschmecker ernähren sich vegetarisch und können durch den Fraß an den Wurzeln ganze Obstbäume sowie manche Ziersträucher zum Absterben bringen. Grenzt ein Garten an eine Wiese oder ist von den Nachbarn ein Wühlmausproblem bekannt, sollte man beim Einkauf vorsorgen:

• Schützen Sie die Wurzeln gern benagter Pflanzen – vor allem Apfelbäume – durch ein Gitter. Die Maschenweite des Drahtgeflechts sollte nicht mehr als 15 Millimeter betragen. Der sogenannte Wühlmauskorb muss den gesamten Wurzelballen umgeben und zusätzlich etwa 20 Zentimeter aus der Pflanzgrube herausragen. Das Drahtgeflecht wird nach innen Richtung Stamm gebogen, damit die Schutzhülle lückenlos geschlossen ist.

Knackpunkt Veredelungsstelle

Manche Gehölze, vor allem Obstbäume, sind am Wurzelhals (Übergang zwischen Stamm und Hauptwurzel) veredelt. Diese Maßnahme hat das Ziel, die guten Eigenschaften einer Pflanze mit bestimmten Merkmalen einer anderen Pflanze zu kombinieren. Bei Obstbäumen vereint man beispielsweise die Wurzel eines schwachwüchsigen Baumes, der auch in einen kleinen Garten passt, mit den Früchten eines anderen Baumes. Vorteil der Veredelung: Der neue Baum braucht wenig Platz, trägt früher Früchte und ist leichter zu beernten.
Bei der Pflanzung müssen Sie darauf achten, dass die Veredelungsstelle, erkennbar an einer Verdickung oder einem leichten »Knick« am unteren Stammende, deutlich (ungefähr zwei Handbreit) über der Erde bleibt. Sobald die Edelsorte nämlich dauerhaft Bodenkontakt bekommt, bildet sie eigene Wurzeln und stößt schließlich binnen weniger Jahre die Veredelungsunterlage ab, womit auch deren wachstumshemmender Effekt dahin ist.

Männlein oder Weiblein?

Auch bei den Pflanzen gibt es zwei Geschlechter. In manchen Fällen finden sich rein männliche und rein weibliche Blüten auf einem Baum, manchmal sind beide Geschlechter in einer Blüte zusammengefasst. Um Inzucht zu vermeiden, kann der männliche Pollen aber nicht den weiblichen Stempel befruchten. Dagegen trägt bei zweihäusigen Pflanzen ein Gehölz entweder nur männliche oder nur weibliche Blüten. Wer Früchte ernten will, muss deshalb sicherstellen, dass immer eine »Befruchtersorte« vorhanden ist. Vor allem bei Apfel- und Birnbäumen sollte man nachfragen, welche Sorten zueinanderpassen. Wenn kein Befruchter in der Nähe steht, dann statt eines großen Baumes lieber zwei kleine pflanzen.

Ein Metallgitter verhindert, dass hungrige Wühlmäuse (Obst-)Bäume zum Absterben bringen.

Die Veredelungsstelle, etwa von Obstbäumen, muss deutlich über der Erde gelegen sein!

Obstbaummüdigkeit

Grundsätzlich gilt: Nie Kernobst nach Kernobst, nie Steinobst nach Steinobst pflanzen! Denn unter einem alten Obstgehölz reichern sich im Boden im Laufe der Zeit schädliche Mikroorganismen und Wurzelausscheidungen an. Diese Bodenmüdigkeit ist besonders bei Rosengewächsen verbreitet, zu denen alle Kern- und Steinobstarten, aber auch Erdbeeren, Himbeeren, Brombeeren sowie Wildobstarten wie Schlehe, Mispel, Felsenbirne und Vogelbeere gehören. Wo ein Platzwechsel nicht möglich ist, kann man Folgendes versuchen:

• **Neuer Boden:** Den Boden nach Rodung des alten Obstbaumes großzügig austauschen, möglichst viele alte Wurzeln entfernen. Gut ein Drittel verrotteten Kompost beimischen.

• **Entferntere Verwandte nachpflanzen:** Nicht alle Rosengewächse sind gleichermaßen eng verwandt. Gehört also das junge Obstgehölz einer anderen Gruppe innerhalb dieser Pflanzenfamilie an als das alte, ist die Unverträglichkeit zwischen beiden deutlich geringer – darum einfach zwischen Beeren-, Stein- und Kernobst switchen!

Rhododendren und Azaleen stellen besondere Ansprüche an Boden und Standort. Für ihre reiche Blüte nimmt man das gern in Kauf.

Extrawurst für Rhododendren

Blühende Rhododendren sind zum Niederknien schön, allerdings möchten die Gehölze etwas gehätschelt werden. Dazu muss man auf ihre Ansprüche, besonders was den Boden betrifft, eingehen:

• Besonders gut gefällt ihnen ein Platz geschützt vor Ostwinden, gerne im lichten Schatten eines alten Baumes.

• Rhododendren bestehen auf einem sauren, humosen und lockeren Boden. Wo der nicht vorhanden ist, pflanzt man sie besser gleich in einen großen Kübel, um sich Enttäuschungen zu ersparen.

• Inkarho-Rhododendren sind eine spezielle Züchtung, die auch mit kalkhaltiger Erde zurechtkommt. Sie freunden sich mit jedem luftigen und humosen Boden an. Erkundigen Sie sich einfach beim Einkauf!

CONTAINERWARE

Spontane Pflanzaktionen rund ums Jahr – die lassen sich am besten mit Gehölzen verwirklichen, die man im Container kauft. Pflanzen im Topf haben ihr ganzes bisheriges Leben darin verbracht und sind in diesem herangewachsen. Das hat folgende Vorteile:

• Mit Containerware kauft man nicht die Katze im Sack, d. h., man kann vor dem Kauf in Augenschein nehmen, wie das Gehölz mit Laub, mit Blüte oder Früchten wirkt.

• Auf dem Transport schützen Container und Erde die Wurzeln vor Austrocknung.

Egal ob wurzelnackt, mit Ballen oder im Container: Gehölze vor der Pflanzung gründlich wässern!

• Wird der Baum oder Strauch ins Pflanzloch gesetzt, dann nimmt er all seine bisherigen Wurzeln mit. Diese können ihn also gleich wieder mit Wasser und Nährstoffen versorgen. Ein sogenannter Verpflanzungsschock ist damit weitgehend ausgeschlossen.

• Oberirdisch müssen – anders als bei den Wurzelnackten – keine Äste und Zweige zurückgeschnitten werden, denn die Wurzel kann von Anfang an die ganze Pflanze versorgen. Außerdem wird das Wachstum direkt fortgesetzt.

• Wer wenig Arbeit mit Gießen haben möchte, pflanzt im Herbst oder Frühling, weil dann in der Regel mehr Niederschlag fällt.

Der Transport

Falls Sie Ihren neuen Zögling selbst nach Hause transportieren, so achten Sie darauf, keine Äste abzuknicken. Ausladende oder sperrige Zweige sollte man vorsorglich zusammenbinden, im Gartencenter oder in der Baumschule wird dieser Service professionell vom Fachpersonal erledigt. Insbesondere der empfindliche Gipfeltrieb muss unverletzt bleiben, eventuell kann man ihn auf dem Transport mit einem Stab festbinden. Werden mehrere Gehölze gleichzeitig transportiert, müssen sie auf der Fahrt entsprechend gesichert sein, damit sie nicht verrutschen. Sind die Pflanzen zu groß für Ihren Privat-Pkw und werden angeliefert, sollten Sie kontrollieren, dass die richtige Stückzahl, die richtige Größe und die bestellte Sorte geliefert wurden.

Vorläufige Unterbringung

Unmittelbar nach der Ankunft stellt man die Pflanzen einige Zeit in ein Gefäß mit Wasser – egal ob sie gepflanzt werden oder noch etwas warten müssen. Es sollen keine Luftblasen mehr aus dem Topf aufsteigen! Ist wegen schlechter Witterung kein sofortiges Einsetzen

TIPP: Mykorrhiza-Pilze helfen den Gehölzen bei der Nährstoffaufnahme und wirken sich positiv auf das Wurzelwachstum aus. In Form eines »Wurzel-Dips« hilft z. B. der Stoff Alginure, dass die Pflanze ein kräftiges Wurzelsystem ausbildet und gut wächst.

möglich, bringt man die Pflanzen an einen windgeschützten, schattigen Ort. Dies gilt vor allem für solche in schwarzen Töpfen, da sich Letztere in der Sonne stark aufheizen können.

Stützpfahl nicht vergessen

Besonders Bäume und große Sträucher brauchen einen Stütz-pfahl, damit sie in Ruhe einwurzeln können (> Seite 42). Bitte lassen Sie sich beim Kauf gleich entsprechendes Material mitgeben.

Nur kein Wurzel-Wirrwarr

Achten Sie schon beim Kauf darauf, dass die Wurzeln im Topf nicht im Ring wachsen und sich umeinanderwickeln. Hierzu die Pflanze ein Stück aus dem Container herausheben. Ringwurzeln hätten zur Folge, dass die Pflanzen weniger gut Fuß fassen und leicht vom Wind umgeweht werden. Zudem kann der Wurzelbal-len – selbst wenn er gewässert wird – weniger gut Nährstoffe und Wasser aufnehmen, die Pflanzen wachsen schlechter.

• Bei geringem Drehwuchs können Sie die Wurzeln mit den Händen in der Erde des Pflanzlochs ausbreiten oder vorab die unteren Wurzeln mit einem scharfen Messer abschneiden. In der Folgezeit die Pflanze dann bei Bedarf mehr gießen, weil die Was-serversorgung durch die fehlenden Wurzeln beeinträchtigt ist.

• Ein total verfilzter Ballen wird am Rand an drei bis vier Stellen mit der Schere keilförmig angeritzt. Diese leichten Verletzungen regen das Gehölz an, neue Feinwurzeln zu bilden.

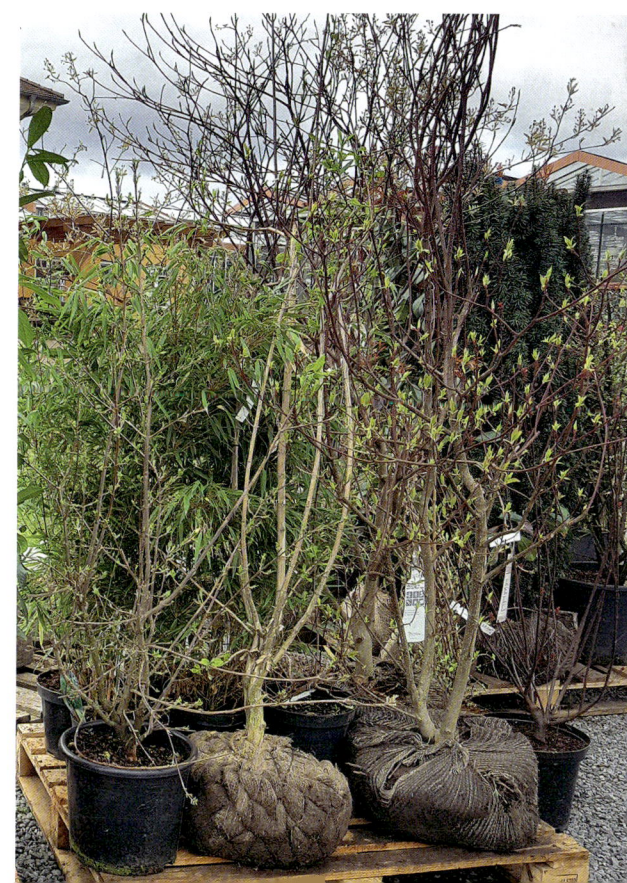

STEP BY STEP:
CONTAINERWARE PFLANZEN

Containerpflanzen kann man fast das ganze Jahr über in die Erde bringen. Voraussetzung für sofortiges Wachstum: Baum oder Strauch gut wässern und den Wurzelballen kräftig aufrauen.

1

Für einen guten Start sorgt ein Pflanzloch zweimal so breit und tief wie der Topf. An der Sohle verdichtete Schichten durchstößt man mit der Grabegabel. Etwas grober Sand oder Kies kann die Drainage verbessern.

Wurzelunkräuter wie Giersch entfernen, hinterher wird man sie nicht mehr los. Den Topf wässern, bis keine Blasen mehr aufsteigen. Die Wurzeln entlang der Ballenkante leicht anritzen. So werden sie zum Wachsen angeregt. Beschädigte Wurzeln gerade schneiden.

3

Ausgehobene Erde mit Pflanzerde mischen. Einen Teil auf den Boden der Grube geben. Das Gehölz soll später auf demselben Niveau wie vorher stehen, eher etwas erhöht. Gehölz mittig ins Pflanzloch stellen. Erdgemisch hinzugeben und mit Gefühl verfestigen.

2

4

Rund um die Pflanzgrube mit Erde einen etwa handbreithohen Gießrand formen. Die innerhalb gelegene Mulde langsam und gründlich mit Wasser füllen. Die Wurzeln erhalten so den notwendigen Wurzelschluss mit der umgebenden Erde. Ist das Wasser versickert, kann man – je nach Pflanzenart und Boden – in den Oberboden etwas organischen Dünger wie Hornspäne einarbeiten.

STEP BY STEP:
BALLENWARE PFLANZEN

Ballenware ist die Kompromisslösung für Hobbygärtner, die nicht so tief in den Geldbeutel greifen möchten wie bei Containerpflanzen, aber dennoch einigermaßen sichergehen wollen, dass die Neulinge zuverlässig im heimischen Garten anwachsen.

Ballierte Gehölze wachsen auf einem Feld heran. Sie wurden mindestens einmal verpflanzt, damit sich neue Feinwurzeln bilden. Zum Verkauf sticht man sie mit Erdballen aus und packt diesen in ein Leinentuch (> Seite 28). Ballenware hat den Vorteil, dass viele Wurzeln beim Ausstechen erhalten bleiben. Dadurch wachsen die Pflanzen leicht an, die oberirdischen Triebe können gut versorgt werden. Man sagt, dass 95 Prozent der Pflanzen gut Fuß fassen.

• **Verkaufszeitraum und Pflanzzeit:** Die Gehölze werden in einer Wachstumspause gestochen, man kann sie zwischen Herbst und Frühjahr kaufen. Zum Einpflanzen hat man mehr Zeit als bei den Wurzelnackten, bei Ballenware geht das gut bis Anfang Mai.

• **Transport:** Hierbei ist das Gleiche zu beachten wie bei Containerpflanzen (> Seite 32). Den Ballen deckt man während der Fahrt am besten mit einem feuchten Vlies ab.

• **Vor der Pflanzung:** Ballenware sollte man umgehend einpflanzen. Die Wurzeln nach der Ankunft einige Zeit ins Wasser stellen – egal ob man die Gehölze sofort setzt oder noch etwas warten muss! In letzterem Fall die Pflanzen an einen windgeschützten Ort bringen.

• **Pflanzschnitt:** Dieser ist vor allem bei großen Gehölzen erforderlich, da hier nur ein Teil des Ballens ausgegraben werden konnte. Allerdings sollte man nie pauschal alle Äste einkürzen, sondern bevorzugt die störenden, also die, die sich überkreuzen oder nach innen wachsen.

• **Pflanzung:** Gehölze mit schweren Erdballen immer direkt hinter oder vor dem vorbereiteten Pflanzloch abladen. Bei häufigem Hin- und Hertragen bröckelt zunehmend mehr Erde vom Ballen ab, bis die Wurzeln blank liegen. Die Pflanzen lediglich so tief setzen, wie sie in der Baumschule standen. Tendenziell sollte der Ballen eher leicht aus der Erde herausragen. Neue Untersuchungen haben nämlich ergeben, dass die Gehölze schneller die erwünschten Zuwächse zeigen, wenn man sie leicht erhöht einpflanzt.

Das Pflanzloch mit Spaten oder Grabegabel ausheben. Es sollte etwa anderthalb mal so tief und doppelt so breit wie der Wurzelballen sein. Verdichtungen an der Seite und am Boden mit der Grabegabel auflockern. Die ausgehobene Erde mit Pflanzerde mischen. Um die Drainagewirkung zu verbessern, kann eine Schicht grober Sand oder Kies am Boden des Pflanzlochs sinnvoll sein.

1

2

Stellen Sie das Gehölz samt Ballentuch so ins Pflanzloch, dass der Wurzelballen leicht aus dem Oberboden herausragt. Die Höhe kann man mit einem quer gelegten Stab kontrollieren.

3

Das Ballentuch erst jetzt aufschneiden und etwas zur Seite schieben – es verrottet im Lauf der Zeit. Nun den mit Pflanzerde vermischten Aushub in die Grube geben und gut festdrücken. Dabei den Baum sacht rütteln, damit Wurzelschluss hergestellt wird.

4

Rund um das Gehölz einen Gießrand formen und die Pflanze gleichmäßig mit sanftem Strahl durchdringend wässern. Bei sehr trockener Erde kann man bereits wässern, wenn das Loch zu drei Viertel mit Erde gefüllt ist. Etwas organischen Dünger (Hornspäne) in den Oberboden einharken.

WURZELNACKTE PFLANZEN

Unter wurzelnackten Gehölzen versteht man Pflanzen, die ohne Erdballen verkauft werden. Meist stehen sie ab Mitte Oktober und Mitte März zum Verkauf. Zu dieser Zeit kann man sie gut setzen, denn das oberirdische Wachstum ist abgeschlossen bzw. hat noch nicht wieder begonnen. Ist der Gartenboden im Herbst noch warm, können sich Feinwurzeln vor dem Winter entwickeln und die Gehölze im nächsten Frühjahr gleich durchstarten. Auch für Wurzelware gilt, dass die Pflanzen nicht in gefrorenen Boden gesetzt werden sollen. Ihre Verwendung hat Vor- und Nachteile:

In jeder Phase nach der Rodung müssen die Wurzeln vor Austrocknung geschützt sein.

• Die Pflanzen sind viel günstiger als Gehölze im Container oder mit Ballen. Allerdings wachsen sie nicht so gut an.

• Mit Wurzelware fängt man klein an. Es erfordert etwas Geduld, bis man ein Ergebnis sieht. Das Anwachsrisiko ist größer.

• Die Wurzelnackten können problemlos auch in größeren Mengen transportiert werden. Als »Bundware« bezeichnet man Pflanzen, die 25- oder 50-stückweise verkauft werden.

• Man kann kleinere Pflanzlöcher graben. Das erspart viel Mühe, wenn man – z. B. bei einer Hecke – mehrere Pflanzen setzen muss.

Besonderheit Pflanzschnitt

Wurzelnackte Pflanzen werden auf dem Feld herangezogen. Das Herausheben aus dem Boden stellt für sie einen radikalen Einschnitt dar. Beim Roden mit dem Pflug gehen nämlich viele Wurzeln verloren. Gerade die Feinwurzeln versorgen aber die Pflanze mit Wasser und Nährstoffen. Schrumpft das unterirdische Netzwerk, muss auch oberirdisch reduziert werden:

• Bei Sträuchern werden dazu bis zu 50 Prozent des Astwerks eingekürzt.

• Bei Bäumen entnimmt man ganze Äste am Stamm, damit die Krone ihre Form behält.

• Den Pflanzschnitt kann man im Falle von laubabwerfenden Gehölzen – egal ob bei Herbst- oder Frühjahrspflanzung – erst im März durchführen. Besondere Regeln bestehen für Obstgehölze. Hier sollte man besser einen Fachmann zurate ziehen.

• Die Wurzeln bitte keinesfalls zusätzlich einkürzen, es werden lediglich beschädigte, gequetschte oder überlange Teile mit einer scharfen Schere oder einem Messer bis in gesunde Bereiche zurückgeschnitten. Diese erkennt man an dem auffallend hellen, fast weißen Holz. Die Schnittflächen sollen nach unten zeigen.

TIPP: Zu zweit pflanzt es sich leichter! Während der eine das Gehölz mittig in der richtigen Höhe über dem Pflanzloch hält, schaufelt der andere den mit Pflanzerde oder Kompost angereicherten Aushub in die Grube. Unterdessen rüttelt die erste Person immer wieder das Gehölz, damit die Erde gut zwischen die Wurzeln gelangen kann.

Wuchs:
drei Triebe
vorhanden, in
Ausnahmefällen
auch nur zwei;
Triebe verzweigen
sich bodennah

Vor allem
verfügbar:
heimische
Wildsträucher;
Obstbäume;
Hecken-
pflanzen

Wurzeln:
intakt, wenig beschä-
digt und gequetscht;
möglichst viele
Feinwurzeln;
gut befeuchtet

Immer schön feucht halten

Wurzelnackte sollte man schnellstmöglich einpflanzen. Die Wurzel darf nie austrocknen – auch nicht beim Transport! Bei ungünstigem Wetter oder fehlender Zeit brauchen sie ein passendes Zwischenlager an einem schattigen, geschützten Ort.

• Oft werden die Pflanzen in einer Folie eingewickelt geliefert. Diese entfernt man komplett und feuchtet die Wurzeln gut an. Vergeht nur wenig Zeit bis zum Einpflanzen, wickelt man die Folie wieder herum – dieses Mal nur um die Wurzeln.

• Alternativ kann man die Wurzeln mit feuchten Tüchern oder Sackleinen bedecken. Das funktioniert auch über einen größeren Zeitraum. Um die Wurzeln immer feucht zu halten, werden sie täglich mit etwas Wasser begossen. Vorteile von Sackleinen gegenüber Folie: Es lässt die Luft durch.

• Ist absehbar, dass es bis zur Pflanzung länger dauert, sollte man ein Loch oder eine längere Furche graben und die Pflanzenbündel möglichst aufrecht hineinstellen. Dann werden Wurzeln, eventuell auch Äste und Zweige (Sträucher) bis 15 Zentimeter Höhe mit lockerem Boden bedeckt und besonders an den Wurzeln gut angedrückt – es sollen keine größeren Hohlräume vorhanden sein. Auch bei dieser Variante muss immer wieder gewässert werden. Gegen Frost kann man den Wurzelbereich außerdem mit einer Laubauflage schützen.

STEP BY STEP: WURZELNACKTE PFLANZEN

Die Pflanzzeit wurzelnackter Gehölze ist auf wenige Wochen in Frühjahr und Herbst beschränkt. Die Pflanzen wachsen gut an, wenn die Wurzeln ab der Rodung stets feucht gehalten werden!

1 *Die Pflanzgrube sollte etwa doppelt so groß sein wie der Durchmesser des Wurzelballens und ein Viertel tiefer. Sohle und Seiten mit der Grabegabel lockern. Den Baum währenddessen in einem großen Eimer wässern.*

2 *Vor dem eigentlichen Pflanzen etwas seitlich in der Grube einen stabilen Pfahl einschlagen. So bleiben die Wurzeln unbehelligt. Die Länge des Stützpfahls hängt von der Baumform ab: Bei Spindel- und Buschformen ragt er bis weit in die Krone und stabilisiert den Baum lebenslang.*

3 *Bei Wurzelnackten genügt es, vor dem Pflanzen lediglich verletzte und abgeknickte Wurzeln mit einer scharfen Gartenschere zurückzuschneiden. Dabei darauf achten, dass die Schnittflächen nach unten zeigen. So entwickeln sich rasch neue Wurzeln.*

Den Baum gerade ins Pflanzloch stellen. Da es sich um ein veredeltes Gehölz handelt – das erkennt man an dem Knick am Stammansatz –, soll die Veredelungsstelle am Ende etwa 10 Zentimeter über der Erde liegen. Ansonsten wird das Gehölz so tief oder gar etwas höher gepflanzt, als es früher in der Baumschule stand. Gibt es Wühlmäuse, kann ein Drahtgitter sinnvoll sein (>Seite 30).

4

5

Das Pflanzloch mit dem eventuell durch Pflanzerde verbesserten Aushub befüllen. Ein Helfer kann zwischendurch den Baum sacht rütteln, damit Wurzeln und Erde eng in Kontakt kommen. Erde gut andrücken.

6

Der Pfahl soll etwa eine Handbreit vom Stamm entfernt sein. Die beiden werden in Achterschlingen mit einem Kokosstrick verbunden. So verhindert man, dass neue Wurzeln bei starkem Wind abreißen, weil sich die Krone zu stark bewegt (> Seite 42).

7

Abschließend einen etwa handbreit großen Gießrand um das Pflanzloch herum formen und den neu eingepflanzten Baum ausgiebig mit stetigem sanftem Strahl wässern. In nährstoffarmen Böden eine Handvoll Hornspäne in die Oberfläche einarbeiten.

HAUPTSACHE, SICHER ANGEBUNDEN

Sich neu verankern und Fuß fassen – das ist das erste Ziel von Gehölzen an ihrem neuen Platz. Doch selbst ein sanftes Sich-Wiegen im Wind führt im Boden zu einer Gegenbewegung, wodurch entstehende Feinwurzeln wieder abgerissen werden.

Dieser Hochstamm ist nach drei Seiten stabilisiert. Bitte auf Scheuerstellen achten!

Die Sache ist also klar: Ein Pflock muss her, bei größeren Bäumen gerne auch zwei oder drei.

• **Material:** Stabil muss er sein. Besonders haltbar ist unbehandeltes Holz von Robinie oder Esskastanie. Häufig kommen auch Fichtenpfosten zum Einsatz; da die jedoch nicht so lange haltbar sind, werden sie kesseldruckimprägniert, das erhöht die Lebensdauer.

• **Länge:** Die Länge des Pfahls orientiert sich am Kronenansatz. Er soll ungefähr 10 Zentimeter unterhalb enden. Ist er zu lang, kann der Pfahl an den Ästen reiben und die Rinde beschädigen, ist er zu kurz, besteht erhöhte Bruchgefahr für die Krone bei starkem Wind.

• **Einschlagen:** Soll der Pfahl gut halten, müssen Sie ihn mindestens 20 Zentimeter (nicht weniger als ein Drittel, maximal bis zur Hälfte) in die Erde klopfen. Damit das Ende beim Einschlagen nicht springt, können Sie eine Konservendose überstülpen. Bei schweren, verdichteten Böden ist eventuell ein Erdbohrer notwendig, um ausreichend in die Tiefe zu kommen. Ist der Pfosten am Ende noch zu lang, einfach mit der Säge einkürzen.

• **Position:** Der Pfahl wird immer an der Seite angebracht, die dem Wind am meisten ausgesetzt ist. So biegt sich der Baum immer vom Pfahl weg und schlägt nicht gegen das Holz.

• **Anbindung:** Ein Kokosseil oder Gummiband ist das Material der Wahl. Man nimmt es doppelt und legt es in Form einer Acht um Pfahl und Stamm. Dann das lange Ende vom Stamm in Richtung Pfosten fest um den Mittelteil wickeln und am Stamm verknoten. Den Baum zunächst nur locker anbinden, bis sich der Boden gesetzt hat, und erst später nachjustieren.

WELCHER PFAHL FÜR WEN?

• **Senkrechtpfahl:** Geeignet für Hochstämme (bis 16 Zentimeter Umfang) mit kleinem bzw. fehlendem Ballen in wenig windigen Gegenden. Zur Schonung der Wurzeln wird der Pfahl vor dem Pflanzen eingeschlagen. Er soll später etwa eine Handbreit vom Stamm entfernt sein. Eine Wickelbindung ein bis zwei Handbreit unter dem Kronenansatz verhindert, dass der Baum bei Wind gegen den Pfahl schlägt.

• **Schräger Pfahl:** Für bis zum Boden bezweigte Bäume (sogenannter Heister oder Stammbusch) mit Erdballen. Letzterer soll nicht durch den Pflock in Mitleidenschaft gezogen werden. Der Pfahl steht im 45°-Winkel, er wird gegen die Windrichtung eingeschlagen und reicht an der Windseite ca. eine Handbreit über den Stamm hinaus.

• **Dreibock:** Kommt bei größeren Bäumen mit breiten Wurzelballen zum Einsatz, bei denen sich ein Pfahl nicht nah genug am Stamm

Etwas Luft sollte bei Achterschlinge und Stamm bleiben, damit Letzterer dicker werden kann.

unterbringen lässt. Die Pflöcke kann man in diesem Fall auch nach der Pflanzung einschlagen. Am besten biegt dabei ein Helfer den Baum etwas zur Seite. Die Pfähle stehen an den drei Ecken eines imaginären Dreiecks mit einer leichten Neigung zum mittig platzierten Baum hin. Ihre Enden verbindet man mit Querlatten. Der Baum wird mit je einem Strick an jedem der drei Pfähle festgebunden.

• **Bodenanker:** Diese werden neben dem Wurzelballen tief in den Boden geschlagen. Den daran befestigten Gurt spannt man über die Oberfläche des Wurzelballens. Bitte niemals um den Stamm führen! Es gibt verschiedene Bodenankersysteme; welcher Typ zu verwenden ist, hängt vom Stammumfang des Baumes ab.

Der Dreibock: Klassiker bei Bäumen mit breiten Wurzelballen

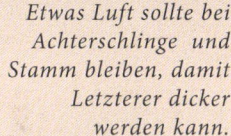

GUT AUSGEHECKT: GRÜNER SICHTSCHUTZ

Eine Abgrenzung zum Nachbarn, zur Straße oder auch zu unschönen Ecken mit Kompost oder Mülltonnen, die gleichzeitig für Lärm-, Sicht-, Wind- und Staubschutz sorgt – eine Hecke steht für viele Gartenfreunde ganz oben auf der Wunschliste.

Hecken unterschiedlicher Höhe sind Grenze, Sichtschutz und Raumteiler.

Hecken sind Multitalente: Sie rahmen den Garten ein und schirmen ihn nach außen hin ab. Innerhalb der Fläche schaffen sie Räume und gliedern. Da heutige Gärten eher klein dimensioniert sind, entscheiden sich Gartenbesitzer meist für eine Formhecke, die wenig Platz braucht. Hierfür sind nur schnittverträgliche Gehölze geeignet. Bei der Auswahl der Arten sollte man sich beraten oder sich von einem Heckenkonfigurator (> Service, Seite 138) unterstützen lassen. Wichtig ist vor allem die Frage: Wie hoch darf die Hecke werden:

• **Hohe Sichtschutzhecke:** Diese sollte sich höher als zwei Meter ziehen lassen. Hainbuche, Rotbuche und Feldahorn kommen dafür infrage sowie einige Nadelgehölze.

• **Niedrige Hecke zum Abgrenzen des Vorgartens:** Die optimale Wuchshöhe liegt bei 50–150 Zentimetern. Immergrüne Berberitze, Liguster und Cotoneaster bieten sich dafür an.

• **Einfassungshecke für Beet oder Weg:** Mehr als 10–40 Zentimeter sind nicht gefragt. Statt des von Krankheiten gebeutelten Buchses verwendet man gern Ilex oder Spindelstrauch.

Sichtschutz hat zwei Seiten

Besonders bei hohen Hecken sollten Sie immer eines im Hinterkopf haben: Wer nicht gesehen werden will, sieht oft auch selbst nichts. Schränken Sie sich also nicht zu sehr den freien Blick ein. Wer sich eine Vorstellung verschaffen möchte, welche Raumwirkung eine Hecke entfaltet, kann diese mithilfe von Schilfmatten in der vorgesehenen Höhe schon im Vorfeld simulieren. Vielleicht laden Sie zu dieser Gelegenheit auch Ihren Nachbarn ein, besonders wenn er ebenfalls – etwa durch Schattenwurf – von der Hecke betroffen ist.

Zwischen Privatgrundstücken regelt das Nachbarschaftsrecht, wie hoch die Hecke sein darf und wie groß der Pflanzabstand sein muss. Von Bundesland zu Bundesland variieren die Vorgaben, Auskunft erhalten Sie bei Ihrer Gemeinde oder unter www.mein-nachbarrecht.de. Für Kleingärten gelten andere Regeln, festgelegt im Bundeskleingartengesetz. Details kann aber jeder Gartenverein in seiner Satzung selbst bestimmen. Allgemein dürfen Hecken zwischen den Gärten nicht höher als 125 Zentimeter sein, zur Straße hin ist mehr erlaubt.

ERSATZLÖSUNGEN

Wer eine Alternative zur Formhecke sucht, hat viele Möglichkeiten:
• Bereits vorhandene Zäune aus Holz oder Maschendraht kann man mit einjährigen Kletterern wie Feuerbohnen oder Kapuzinerkresse, aber auch Mehrjährigen wie mit Staudenwicken begrünen. Es dauert, bis der Sichtschutz »aktiv« ist. Zum Sommer ist aber alles »dicht«.
• Immergrün, langlebig und schattentauglich ist der Efeu. Mit regelmäßigem Rückschnitt kann man ihn auf schmale Flächen begrenzen, als Kletterhilfe reicht ein Maschendrahtzaun.
• Als mannshohe schmale Raumteiler haben sich z. B. Bambus und hohe Gräser bewährt.
• Eilige verwenden fertige Heckenelemente, die bereits ineinandergewachsen sind. Es gibt sie in den Versionen »klassisch grün« mit Efeu, blühend oder fruchttragend mit Kiwis.

ZWEI WEGE FÜHREN ZUR HECKE

Auch Heckenpflanzen kann man mit Erdballen oder wurzelnackt kaufen. Klar, dass letztere Variante um einiges günstiger kommt. Es dauert aber natürlich auch länger, bis die Hecke eine gewisse Höhe erreicht hat, denn wurzelnackte Pflanzen – in der Regel sind nur laubabwerfende Arten verfügbar – sind immer relativ klein. Allerdings kann die wurzelnackte Variante auch mit einfacherer Handhabung punkten. So ist beim Pflanzen beispielsweise weniger Erdaushub notwendig – das spart viel Zeit, wenn einige Meter an Hecke bewältigt werden müssen! Wichtig für den Anwuchserfolg ist immer, dass die wurzelnackten Pflanzen nicht austrocknen (> Seite 39). Selbst bei einer kurzen Zwischenlagerung sollte man sie provisorisch mit Erde oder wenigstens mit feuchten Tüchern bedecken.

Für jeden etwas: Lavendel als niedrige Beeteinfassung, Hainbuche als hoher Sichtschutz

STEP BY STEP
HECKE PFLANZEN

Der schnellste Weg zur »grünen Wand« führt zweifellos über gut bezweigte Ballen- oder Containerpflanzen. Sie werden speziell für diesen Zweck herangezogen. Eine günstige Alternative ist Wurzelware, die nur in der Vegetationsruhe zum Verkauf steht.

Um zu berechnen, wie viele Pflanzen für eine Hecke notwendig sind, bedient man sich am besten eines Hecken-Konfigurators (> Service, Seite 138). Hier kann man als Erstes interaktiv die Wunschpflanze herausfinden, dazu wird man durch ein Suchmenü geführt, das immer wieder Alternativen vorschlägt, z. B. Sichtschutz im Winter ja/nein. Abhängig von der angestrebten Höhe, der Heckenlänge und der verwendeten Gehölzart wird dann berechnet, wie viele Pflanzen pro Laufmeter notwendig sind, wie groß der Pflanzabstand sein soll und welche Kosten auf den Hobbygärtner zukommen.

Auf engstem Raum nebeneinander wachsen – Pflanzen in einer Hecke sind besonders gefordert. Auf jeden Fall sollte man es ihnen in der »Intensivhaltung« möglichst angenehm machen und durch einen humusreichen, lockeren und gut nährstoffversorgten Boden zu einem guten Start verhelfen. Finden sich – wie so oft – viel Schutt oder verdichtete Schichten entlang der Grundstücksgrenze im Boden, so gilt es, die Sohle gründlich zu lockern und den Bodenaushub zur Hälfte mit guter Pflanzerde zu mischen. Die Hecke wächst sonst wie in einem überdimensionierten Blumenkasten, es kommt zu Wuchsstockungen.

Vor allem Staunässe im Boden ist unerwünscht. Zum Test gießt man reichlich Wasser ins Pflanzloch. Fließt es zügig ab – alles okay. Bleibt es stehen, muss die Grabensohle noch tiefer gelockert werden. Sinnvoll kann auch eine 20 Zentimeter hohe Kiesschicht zur Drainage sein. Um die Konkurrenzsituation etwas zu entspannen, sollte beidseits der Hecke ein vegetationsfreier Streifen von ca. 30 Zentimeter Breite sein. Der erleichtert auch spätere Pflegearbeiten, etwa den Schnitt. Ein letzter Tipp: Stecken Sie die vorgesehene Pflanzlinie der Hecke vorher mit einer Schnur ab. Das macht es leichter, »auf Linie« zu bleiben.

Pflanzlinie mit einem Seil oder Stäben markieren. Beim Pflanzen zu zweit ist einer dafür verantwortlich, dass die Pflanzlinie eingehalten wird! Die Tiefe und Breite des Pflanzgrabens orientiert sich an der doppelten Ballengröße der Heckenpflanzen. Bei großen Containerpflanzen kann man auf einen durchgehenden Graben verzichten. Einzelne Pflanzlöcher sind schneller ausgegraben.

1

2

Pflanzen ausgiebig wässern. Pflanzgraben bzw. -löcher ausheben, Sohle zusätzlich lockern. Erde seitlich lagern. Die Heckenpflanzen im passenden Abstand auslegen.

3

Direkt vor dem Einpflanzen Wurzelballen auflockern. Ausgehobene Erde mit Kompost oder Pflanzerde verbessern, tonigem Boden Sand zufügen. Die Heckenpflanzen sollten genauso tief oder sogar etwas höher stehen als vorher im Topf.

4

Pflanzgraben oder -löcher mit der verbesserten Erde befüllen. Vorsichtig andrücken bzw. festtreten. Gut angießen! Laubhecken anschließend um etwa ein Drittel einkürzen, Nadelhecken einheitlich begradigen. Hohe Pflanzen fixiert man mit Clipsen an einem zwischen zwei Pfählen gespannten Draht. So können sie in Ruhe einwurzeln.

NACHPFLEGE VON GEHÖLZEN

Alle Gehölze sollte man nach dem Setzen gut **wässern**. Bei Hecken kann ein Tropfschlauch sinnvoll sein, der wird gleich bei der Pflanzung mit »eingebaut«. Immergrüne Laub- und Nadelgehölze verdunsten auch in der kalten Jahreszeit Wasser. Vor dem Winter sollte man sie gründlich gießen, ca. 20–40 Liter pro Quadratmeter. Auch in frostfreien Perioden immer wieder wässern. Extra **düngen** muss man im Herbst nicht mehr. Im Gegenteil: Mineraldünger sollte dem Gießwasser besser nicht zugesetzt werden, da die jungen Wurzeln salzempfindlich sind. Der erste Dünger kann im Frühjahr zu Beginn der Vegetationsphase verabreicht werden. Alternativ kann man auch Kompost in den Boden einarbeiten.

Es gibt jedoch Zusatzstoffe, die Mykorrhiza – also Pilze – enthalten und dadurch das Anwachsen bzw. die Wurzeln der Pflanzen unterstützen. Prinzipiell kann das nicht schaden, doch Untersuchungen haben gezeigt, dass die Bäume diese Pilze schon mitbringen. Düngung – vor allem mit mineralischen Düngern – zerstört diese wachstumsfördernden Lebensgemeinschaften.

Schutz vor Wildverbiss

Besonders im Winter sind frisch gepflanzte Bäume ein Leckerbissen für allerlei Tiere. Zum Schutz gibt's mehrere Möglichkeiten:

Ein Weißanstrich verhindert, dass die Sonne die dünne Rinde so sehr erhitzt, bis sie aufplatzt.

• **Freie Baumscheibe:** Damit nicht Mäuse ungesehen ihr Unwesen treiben können, sollte man vor allem bei Obstbäumen den Bereich rund um den Stamm im Winter mulchfrei halten. Erst mit Beginn der warmen Jahreszeit wird mit Rasenschnitt oder Ähnlichem leicht abgedeckt, um die Bodenfeuchte zu halten.

• **Ablenkung:** Viele Gärtner lassen den Obstbaumschnitt den Winter über im Garten liegen; dann bedienen sich die Tiere dort, statt an den frisch gepflanzen Bäumen zu knabbern.

• **Schutzhose aus Drahtgeflecht:** Diese wird beim Einpflanzen am Pfahl befestigt. Man kann auch »nachrüsten«. Dazu schlagen Sie mehrere Pfähle in den Boden und zäunen den Baum mit Drahtgeflecht bzw. Maschendraht ein. Dieses Geflecht sollte möglichst eng um den Stamm gelegt werden und nicht allzu großmaschig sein. Verbissschutz aus Kunststoff ist nicht so effektiv, weil das feuchte Milieu darunter Pilze begünstigt.

• **Schmeckt nicht:** Kalkfarbe, mit Lehm vermischt, schmeckt hungrigen Rehen nicht und hält sie demnach von der Rinde der Bäume fern. Ebenso rohe Schafwolle, die um die Triebspitzen gewickelt wird, oder Kieselagen, die als Kieselgur im Handel erhältlich sind.

Witterungsschutz

• **Warm einpacken:** Laub gibt's im Herbst genug. Dieses einfach auf die Baumscheibe rechen, das isoliert und bewahrt vor allem flach wachsende Wurzeln vor dem Durchfrieren. Funktioniert auch mit einer 20 Zentimeter dicken Schicht aus Rindenmulch und Fichtenreisig!

• **Baumstamm weißen:** Vor allem Gehölze mit dünner, feiner Rinde leiden unter intensiver Sonneneinstrahlung im Winter, insbesondere dann, wenn das »Aufheizen« einseitig erfolgt. Mit einem Weißanstrich wird das einfallende Sonnenlicht reflektiert, die Erwärmungsrate somit verringert. Angenehmer Nebeneffekt: Tierische Schädlinge, die sich unter der Rinde verstecken, ersticken unter der Farbe. Abgekommen ist man vom Kalken, weil der Anstrich schnell abblättert. Ideal zum Auftragen sind Temperaturen ab 10 °C. Elastische Anstriche verhindern aber auch das Aufheizen der Rinde an heißen Sommertagen. Bei Lufttemperaturen von mehr als 35 °C kann sich eine ungeschützte dunkle Rinde auf fast 50 °C erwärmen. Das Wachstumsgewebe unterhalb der Rinde stirbt dann ab.

• **Einpacken:** Alternativ zum Weißanstrich können Sie den Stamm mit Kokosmatten oder Baumvlies umhüllen. Das schützt sowohl gegen Sonnenbrand als auch vor Austrocknung.

Wildlinge entfernen

Steht ein veredelter Baum zu tief, sollten Sie rund um den Stamm so viel Boden abtragen, dass der Stammabschnitt oberhalb der Veredelungsstelle keinen Erdkontakt mehr hat. Andernfalls bildet die Edelsorte eigene Wurzeln (> Seite 30). Ist dies bereits geschehen, können Sie diese einfach mit der Gartenschere abschneiden. Obstbäume, die erst vor wenigen Jahren gepflanzt wurden, gräbt man am besten im Herbst nach dem Laubfall wieder aus und setzt sie in der richtigen Höhe neu ein.

Hecke schneiden

Hecken schneidet man ein- bis zweimal pro Jahr. Dabei bitte unbedingt auf die Brutzeiten der Vögel Rücksicht nehmen!

• Koniferen kürzt man gegen Ende Juni, und zwar nur im grünen Bereich. Verholzte Triebe regenerieren sich nicht mehr.

• Laub-Schnitthecken bringt man am besten im Frühjahr und im Frühherbst in Form.

Gut eingepackt übersteht ein Baum mit dünner Rinde den Winter deutlich besser. Gleichzeitig ist er auf diese Weise vor Wildverbiss geschützt.

MOBIL BLEIBEN: EIN GEHÖLZ ZIEHT UM

Zu eng oder an den falschen Ort gepflanzt, die Nachbarn beschweren sich, ein Umzug steht an – es gibt viele Gründe, warum ein Baum oder Strauch seinen angestammten Platz wieder räumen muss. Jetzt ist Mobilität gefragt!

So viel wie nötig, so wenig wie möglich: Zuerst muss man den Wurzelballen freilegen.

Ein Standortwechsel birgt Risiken. Doch für ein lieb gewordenes Gehölz nimmt man dies meist gerne auf sich. Etwa wenn es sich um einen Hausbaum handelt, der anlässlich einer Hochzeit oder Geburt gepflanzt wurde. Früher waren solche Hausbäume imposante Vertreter ihrer Art – ausladende Linden, Eichen oder Walnussbäume beispielsweise. Heute setzt man eher auf kompakt wachsende und klein bleibende Baumgestalten – sie können aber ebenso eindrucksvoll wirken und Garten oder Vorgarten prägen. Das kompakte Wachstum hat seine Vorteile, nicht nur was den Schattenwurf oder den Platzbedarf angeht: Kleine Bäume lassen sich meist auch viel einfacher umziehen als große Vertreter gleichen Alters.

BÄUME UMZIEHEN – SO GEHT'S

Grundsätzlich gilt: Steht der Baum erst einige Jahre am jetzigen Standort, kann er meist problemlos verpflanzt werden. Nur Gehölze mit ausgeprägter Pfahlwurzel wie Eichen oder solche, die auf nährstoffarmen Böden wachsen wie Feuerdorn, reagieren öfter mal ungehalten. Sie sollte man schon bei der Anlage des Gartens von der Wunschliste streichen, sofern Sie nicht ausschließen können, dass irgendwann ein Standortwechsel angesagt ist.

Einen alten Baum verpflanzt man nicht – so lautet ein gängiges Sprichwort. Grundsätzlich ist das richtig, doch man kann dem Baum den Umzug durchaus schmackhaft machen. Dazu gehört, dass das Gehölz vor dem Umpflanzen Gelegenheit bekommt, neue Feinwurzeln zu bilden. Die verlagern sich nämlich im Zuge des Baumwachstums immer weiter vom Stamm weg – man sagt, dass die Kronenfläche auf den Boden projiziert in etwa der Wurzelfläche entspricht. Die Feinwurzeln sind es aber, die den Baum mit Wasser und Nährstoffen versorgen. Darum beginnt man bereits im Herbst vor der anstehenden Verpflanzung den Baum zur Neubildung von Feinwurzeln anzuregen.

• Zunächst macht man den Ballen frei, dazu wird überflüssige Erde, die obenaufliegt und nicht durchwurzelt ist, einfach abgehoben.

• Nun umsticht man das Gehölz in angemessenem Abstand zum Stamm. Die Linie, an der der Wurzelballen abgestochen wird, sollte sich am Durchmesser der Baumkrone orientieren. Bitte nicht zu großzügig sein, Sie müssen den Baum noch vom Fleck bewegen können!

• Sofern genügend Zeit bleibt, lässt man dem Baum nach dem seitlichen Umstechen einige Monate Zeit, um Feinwurzeln zu bilden. In

Anschließend überprüfen, ob auch wirklich alle Wurzeln gekappt sind ...

dieser Zeit muss der Stamm wie ein neu gepflanzter Baum mit einem Pflock gesichert sein. Der entstandene Graben wird außerdem mit lockerer, humoser Erde aufgefüllt.

• Vor dem Umzug geht es dann wie folgt weiter: Sind alle seitlichen Wurzeln (erneut) durchtrennt, sticht man von der Seite her unter die Mitte. Durch sachtes Ruckeln am Stamm überprüft man, ob die Pflanze lose steht.

• Ist der Ballen ausreichend fest, zieht man ein Tuch unter diesem hindurch und hüllt den Wurzelbereich in das Leinen ein. Hierzu jeweils zwei gegenüberliegende Zipfel des Ballentuchs miteinander verknoten.

• Es gibt übrigens Firmen, die auf Baumumzug spezialisiert sind. Die rücken dann gleich mit großem Gerät an.

... und zum Transport Wurzelballen samt Erde sichern.

ROSEN PFLANZEN

GESTATTEN: MEIN NAME IST ROSE

Die Rose hat so etwas wie Kultstatus, sie gilt als die Königin der Gärten. An Blütenfarben, Wuchsformen und Düften hat sie viel zu bieten. Um ihr ein langes, blütenreiches Leben zu sichern, ist es gut zu wissen, wo und wie man Rosen richtig pflanzt.

Beetrosen und Schleierkraut – ein harmonisches Team, auch in der Vase

Keine Angst: Eine Rose ist eine Königin, aber keine Diva! Manche können gut mit Stauden. Andere helfen selbstlos an Problemstandorten wie beispielsweise Böschungen aus. Hier einige Vorschläge, wie man die Rosen im Garten verwenden kann:

• Die **Edelrose** ist die Verkörperung der »edlen Dame«. Große gefüllte Blüten thronen meist einzeln auf einem Stiel. Für sich oder in Kleingruppen wirken die Sträucher am besten. Die Edelrose ist sich selbst genug, mit anderen Pflanzen lässt sie sich nur schwer kombinieren. Der Preis für ihr »blaues Blut«: Sie gilt als krankheitsanfälligste Rose. Allerdings sind neue Sorten, vor allem mit ADR-Auszeichnung (> Seite 59), wesentlich robuster als frühere.

• Teamplayer sind die **Beetrosen**, sie werden etwa kniehoch. Sie wirken besonders in Gruppen ansprechend und wachsen gern im Team mit Stauden – den Rosenkavalieren.

• Zu den Winzlingen zählen die nur um die 30 Zentimeter hohen **Zwergrosen**: Sie passen sehr gut in Steingärten, fühlen sich aber auch im Kübel wohl.

• **Kleinstrauchrosen** bezeichnete man früher als **Bodendeckerrosen**. Von flach wachsend bis steil aufrecht ist bei ihnen jede Wuchsform dabei. Ideal, um größere Flächen unkompliziert mit Blüten zu überziehen. Ab dem dritten Jahr machen sie »dicht«, Unkrautzupfen entfällt.

• Mannshoch, freistehend – **Strauchrosen** wachsen aufrecht mit leicht überhängenden Zweigen, gerade alte Sorten duften oft wunderbar. Man kann sie wie kleine Sträucher verwenden und mit höheren Stauden kombinieren. In Gruppen zu dritt oder zu fünf werden Strauchrosen zu riesigen Blumenbouquets – vor allem in England sieht man das oft. Zur Gruppe gehören zahlreiche Wildformen mit Hagebutten, im Herbst sind die ein absolutes Highlight!

• Hoch hinaus wollen die **Kletterrosen**, die den Strauchrosen ähnlich sehen, aber längere Triebe entwickeln. Auf ihrem Weg nach oben brauchen sie Hilfe, etwa in Form eines Spaliers. Besonders wüchsig sind Ramblerrosen, zehn Meter sind da ohne Weiteres drin. Sie blühen meist nur einmal im Jahr von Ende Mai bis Mitte Juni. Am meisten behagt ihnen ein alter Baum als »Unterlage«.

SONNENKINDER AUS ÜBERZEUGUNG

Rosen haben genaue Vorstellungen, wo sie wachsen wollen: Nicht zu heiß, nicht zu trocken, nicht zu schattig – vier bis fünf Stunden Sonne täglich sollten es mindestens sein, im Schatten streiken sie.

• Unerwünscht ist stehende Hitze, etwa an der Südseite eines Hauses oder an einer überdachten Terrasse. In der trockenen Luft haben Echter Mehltau, Blattläuse oder Spinnmilben dann leichtes Spiel.

• Damit Pilze wie der Sternrußtau gar nicht erst Fuß fassen können, muss das Laub der Rosen zügig abtrocknen. Etwas Luftbewegung ist deshalb mehr als willkommen, ebenso ein gewisser Höflichkeitsabstand zu anderen Begleitpflanzen im Beet.

• Wasser, das von Bäumen tropft, mögen Rosen nicht, da besteht wieder »Pilzgefahr«.

DAS RICHTIGE WURZELMILIEU

Staunässe, also ständige Feuchtigkeit im Boden, mag die Rose nicht – darin unterscheidet sie sich nicht von den meisten anderen Gartenpflanzen. Ihre Wurzeln reichen bis anderthalb Meter in die Erde, entsprechend tief – mindestens 60 Zentimeter – muss der Boden deshalb gelockert werden. Stößt man in dieser Tiefe auf eine dichte Ton- oder Lehmschicht, gräbt man besser noch etwas tiefer und füllt Drainagematerial wie Sand oder Kies ein. Ideal ist ein lehmiger Sand mit hohem Humusanteil. Wo der Boden suboptimal ist, kann man nachhelfen:

• Zu schwerer (toniger) Boden wird durch Sand locker, zu leichter (sandiger) Boden gewinnt durch Lehm, Bentonit oder Humus an Nährstoff- und Wasserhaltevermögen.

• Zugaben von Lavagranulat oder Bentonit helfen bei Bodenverdichtungen.

• Übrigens: Kompost hat im Pflanzloch von Rosen nichts zu suchen, ebenso wenig Dünger. Die Feinwurzeln reagieren sehr empfindlich auf hohe Nährsalzkonzentrationen.

Ein mit Rosen überwachsenes Eingangsportal – kann ein Vorgarten stimmungsvoller sein?

IN KLEINGRUPPEN ALLEIN
*Edelrosen, am besten robuste
Sorten mit ADR-Gütesiegel*

IM BEET
*z. B. Beetrosen im
Team mit Stauden –
den »Rosenkavalieren«*

AN BÖSCHUNGEN
*Bodendeckerrosen oder
Kleinstrauchrosen*

WOHIN MIT
DEN ROSEN?

ZWISCHEN STRÄUCHERN
*Strauchrosen kombiniert
mit kleinen Sträuchern
und höheren Stauden*

KÜBEL
niedrig wachsende Zwergrosen
④

STEINGARTEN
niedrig wachsende Zwergrosen
⑥

AN ALTEM BAUM
Ramblerrosen
⑦

MIT KLETTERHILFEN
Kletterrosen gehen z. B. gut an Zaun, Spalier, Rosenbogen, Laube
⑧

DER ROSEN MÜDE?

Eine alte Gärtnerregel sagt: »Pflanze nie eine Rose auf eine Rose.« Wobei mit dem Begriff Rosen auch viele andere Gehölze wie Zierquitte, Apfel oder Feuerdorn gemeint sind, die ebenfalls zu den *Rosaceae*, den Rosengewächsen, gehören. Grund für diese Warnung sind Wurzelausscheidungen und Fadenwürmer, die sich im Laufe der Zeit im Rosenbeet ansammeln und sich negativ auf Neuanpflanzungen auswirken. Wer keine alternativen Standorte hat, kann trotzdem etwas tun, damit die Jungrose sich wohlfühlt:

• **Boden austauschen:** Eine Pflanzgrube mit mindestens 50 × 50 × 50 Zentimeter ausheben und mit hochwertigem Substrat wie beispielsweise Rosenerde füllen.

• **Boden verbessern:** Ringelblumen und Tagetes reduzieren schädigende Fadenwürmer. Säen Sie auf die Fläche der entfernten Altrose im Frühjahr bis Frühsommer diese Sommerblumen aus und lassen Sie die Pflanzen für mindestens einen Sommer darauf stehen.

Einjährige Ringelblumen – nicht nur hübsch anzusehen, sondern auch gut für Rosen und Boden.

• **Boden beleben:** Im Handel werden bodenverbessernde Substrate beziehungsweise Bodenbelebungsmittel angeboten. Sie enthalten spezifische Bakterien, aber auch Pilze, die die Nährstoff- und Wasseraufnahme der Wurzeln verbessern sollen.

• **Tausch:** Wo Rosen im Team mit Stauden wachsen, rückt man Stauden an den Platz einer Rose, die entnommen werden muss. Die neue Rose pflanzt man an einen ehemaligen Staudenplatz.

TIPP: Bei Rosen ist es besser, den Boden nicht zu mulchen. Sofern Pilzkrankheiten vorliegen, müssen nämlich befallene Blätter im Biomüll entsorgt werden, andernfalls überwintern die Erreger im Beet. Besonders bei einer dicken Schicht Rindenmulch fällt das Aufklauben der Blätter schwer. Willkommen sind dagegen schwach wachsende Staudenbegleiter mit bodenaufliegenden Trieben wie polsterförmig wachsende Glockenblumen. Ansonsten will die Rose den Boden lieber mit eigenem Laub beschatten.

VERMEHRUNG BEDINGT PFLANZMETHODE

Rosen werden auf zweierlei Arten vermehrt. Bei der **wurzelechten Vermehrung** schneidet man Stecklinge und steckt diese dann in den Boden, damit sich Wurzeln ausbilden können. Alles, was oberirdisch und unterirdisch wächst, stammt somit von derselben Rose. Erfrieren die oberirdischen Triebe, treibt die Pflanze bestenfalls aus dem Wurzelstock einfach neu aus. Anders beim **Okulieren**: Da wird ein winziges Rindenstück, das »Edelauge«, in den Wurzel-hals (das ist der Bereich zwischen Wurzel und Verzweigung) einer Wildrose gesetzt. Ist das Edelauge ausgetrieben, wird der Wildrosen-Trieb abgeschnitten. Über der Erde wächst dann die veredelte Rose, unterirdisch die »Unterlage«, die im Gegensatz zum veredelten Oberbau kräftig, winterhart und relativ unempfindlich gegen Krankheiten ist. Die Veredelungsstelle, die wie ein Knubbel aussieht, bildet die Verbindung zwischen zwei im Prinzip unterschiedlichen Pflanzen. Das hat Konsequenzen:

• Die Veredelungsstelle muss immer 8–10 Zentimeter unterhalb der Erdoberfläche liegen, weil sie sehr frostempfindlich ist.

• Aus dem Wurzelstock können Wildtriebe erscheinen, die dann die Eigenschaften der Wildrose haben. Sie muss man entfernen. Dazu legt man die Veredelungsstelle frei und reißt den Trieb ab. Ja, abreißen! Ein Schnitt würde das Wachstum zusätzlich fördern.

ADR – ein Prädikat für Rosen, das prächtige und vor allem robuste Pflanzen verspricht.

QUALITÄTSKRITERIEN

Lassen Sie sich beim Einkauf nicht alleine von einer schönen Blüte verlocken. Um eine robuste, gesunde und blühfreudige Rose zu erstehen, lohnt es, auf weitere Kriterien zu achten:

• Containerrosen sollten mindestens drei Haupt- und starke, kräftige Seitentriebe besitzen.

• Wählen Sie keine Rose, an der Sie schon vor dem Kauf Pilzerkrankungen wie Sternrußtau oder Echten Mehltau entdecken. Andererseits bedeutet gesundes Laub nicht unbedingt, dass Sie eine besonders widerstandsfähige Rose vor sich haben. In den Gärtnereien werden Pilzerkrankungen nämlich regelmäßig bekämpft.

• Das Prädikat ADR (Allgemeine Deutsche Rosenneuheitenprüfung) erhalten nur Rosen, die hinsichtlich ihrer Eigenschaften getestet wurden und sich dabei bestens bewährt haben. Überprüft werden Eigenschaften wie Winterhärte, Reichblütigkeit, Wirkung der Blüte, Duft oder Wuchsform, und das an verschiedenen Standorten in Deutschland und über mehrere Jahre hinweg. Es lohnt sich also, beim Kauf auf das Siegel zu achten!

CONTAINERROSEN

Rosen kann man in unterschiedlichen Formen kaufen. Containerrosen sind praktisch (fast) zu jeder Jahreszeit erhältlich. Werfen Sie beim Kauf im Frühjahr möglichst einen Blick auf den Wurzelballen. Ist der Topf stark durchwurzelt, stammt er vom Vorjahr. Da muss man vorsichtig sein, ob es sich um eine überalterte Rose handelt. Bilden sich bereits Ringwurzeln – das sind Wurzeln, die in Kreisen am Topfboden entlangwachsen, – so sollte man dickere Wurzeln am Rand abschneiden und beim Pflanzen senkrecht richten. Die Rose wächst sonst nicht gut an.

Auf der anderen Seite werden oft auch Containerrosen angeboten, die ganz frisch getopft sind. Deren Wurzeln brechen leicht, entsprechend schlecht lassen sie sich im Garten verpflanzen.

Noch ein Hinweis: Um den Wurzelraum im Pflanztopf zu erweitern, steht bei Containerrosen die Veredelungsstelle oft über den Verkaufstopf hinaus. Achten Sie darauf, dass diese bei der Pflanzung 8–10 Zentimeter unter der Erde landet. Manchmal fängt man da beim Buddeln schon mal an, über einen Erdbohrer nachzudenken …

WURZELNACKTE ROSEN

Vollkommen unspektakulär sehen wurzelnackte Rosen aus. Man mag gar nicht glauben, dass sich daraus mal eine prächtige Rose entwickelt. Aber Wurzelnackte sind der Klassiker im Verkauf, schließlich haben Rosen sehr lange Wurzeln, und die Züchter können sie nur in schmalen, hohen Töpfen kultivieren. Die sind jedoch wenig standfest. Überdies sind Wurzelnackte preiswert (sie kosten die Hälfte der Containerware) und nachhaltig, weil man sich Verpackungsmaterial spart.

Qualitätsunterschiede erkennt man nur bei genauer Betrachtung. Rosen der Güteklasse A besitzen mindestens drei kräftige Triebe und ein gut

Wuchsform:
A-Qualität hat mindestens zwei, besser drei Triebe aus der Veredelung; glatte, feste, glänzende Triebe; keine Blattflecken; Knospenzahl kein Kriterium, junge Rosen entwickeln sich noch

Rinde:
saftig grün, nicht schrumpelig; dunkle Flecken können auf Frostschäden hinweisen

Wurzel:
Erdballen soll kompakt zusammenhalten; keine Drehwurzeln am Boden; Fassungsvermögen des Topfes mindestens zwei Liter

verzweigtes Wurzelwerk. Lassen Sie Rosen mit angetrockneten Trieben und deutlich geschädigten Wurzeln stehen. Auch Wurzelnackte in der winterlichen Ruhephase sollten eine vitalgrüne Rindenfarbe besitzen. Doch bitte nicht irritieren lassen. Manche Anbieter schützen oberirdische Pflanzenteile mit Wachs vor dem Austrocknen.

Wurzelnackte Rosen werden ohne Erde oder Topf angeboten. Dadurch sind die Lagerung und der Versand günstiger. Viele Gärtner pflanzen aber noch aus einem anderen Grund lieber wurzelnackte Rosen: Setzt man eine Containerpflanze mitsamt Topfsubstrat in ein noch so gut vorbereitetes Beet, akzeptiert sie das »Neuland« nicht ohne Weiteres. Es kann sehr wohl passieren, dass die Rose in ihrer »Komfortzone« bleibt, besonders, wenn die umgebende Erde eher schwer und lehmig ist. Statt metertief zu wurzeln, wächst sie wie in einem Blumentopf weiter. Dementsprechend kann sie sich auch nicht Wasser und Nährstoffe aus tieferen Bodenschichten erschließen. Viele Gärtner werfen Rosen darum ins kalte Wasser und pflanzen sie wurzelnackt. So verbinden sich die Wurzeln direkt mit dem verfügbaren Gartenboden und erschließen sich weite Bodenschichten.

PFLANZSCHNITT

Man misst ab der Veredelungsstelle, der Verbindungsstelle von Trieb und Wurzel. Triebe und Wurzeln sollten jeweils auf 20 Zentimeter eingekürzt werden. Bei pflanzfertigen Rosen entfällt der Rückschnitt der Triebe, der Rosenzüchter übernimmt das eigenhändig als Service für den Kunden. Wer es selbst machen will: Beherzt schneiden! Triebe, die dünner als etwa ein Bleistift sind, werden bei fast allen Rosen außer den Zwergrosen entfernt, ebenso beschädigte Teile. Kreuzen sich zwei Triebe, muss einer von beiden weichen. Wurzelnackt angebotene Rosen sollen vor der Pflanzung über der Veredelungsstelle maximal 20 Zentimeter hoch sein.

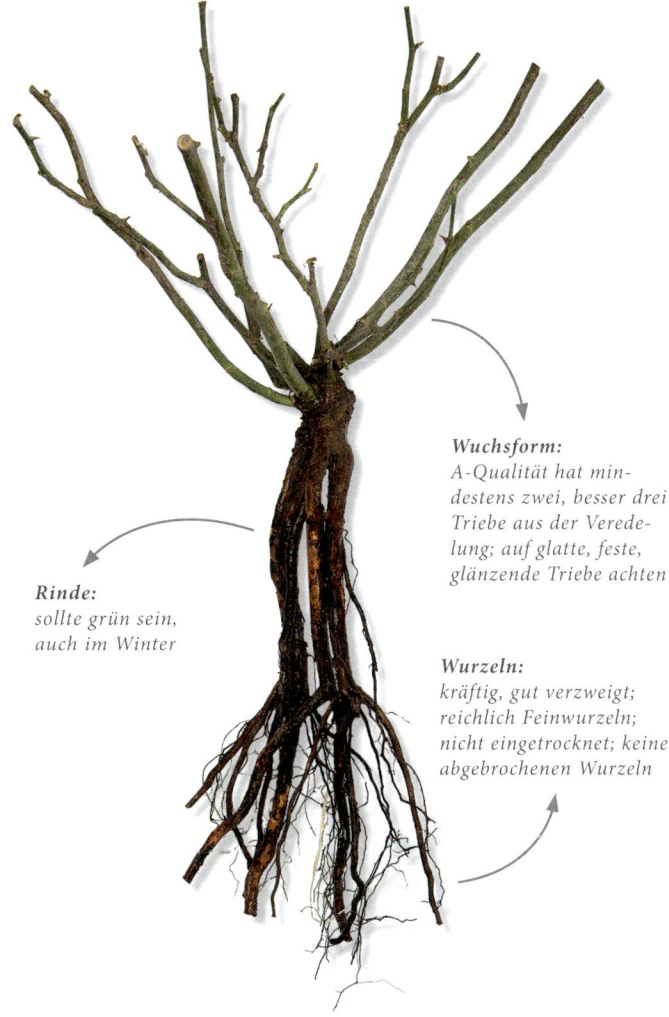

Wuchsform:
A-Qualität hat mindestens zwei, besser drei Triebe aus der Veredelung; auf glatte, feste, glänzende Triebe achten

Rinde:
sollte grün sein, auch im Winter

Wurzeln:
kräftig, gut verzweigt; reichlich Feinwurzeln; nicht eingetrocknet; keine abgebrochenen Wurzeln

STEP BY STEP: WURZELNACKTE ROSEN

Beste Pflanzzeit ist zwischen Mitte Oktober und Ende November. Im noch warmen Boden kann die Rose Wurzeln treiben. Dann geht's wieder ab März los, wenn der Bodenfrost gewichen ist.

1

Die Wurzeln der Rosen trocknen leicht aus. Für den Transport schlägt man sie beispielsweise in angefeuchtetes Zeitungspapier. Bei Bedarf lässt man sich die Triebe pflanzfertig schneiden. Im Herbst entfällt dies.

2

Das Beet gründlich von unerwünschten Wildkräutern befreien. Mindestens zweimal so tief und breit, wie die Wurzel lang ist, sollte das Pflanzloch sein. So werden die Wurzeln nicht geknickt. Zu schwere Erde mit Sand mischen, sandige mit Bentonit bindiger machen.

3

Vor dem Pflanzen die wurzelnackten Rosen für etwa 1–2 Stunden in einem großen Gefäß wässern. Das ist vor allem im Frühjahr sehr wichtig, wenn die Rosen den Winter im Kühlhaus verbracht haben und sich dementsprechend so richtig »volltanken« wollen.

Kompost oder Dünger haben im Pflanzloch nichts zu suchen! Zu viele Nährstoffe verhindern das zügige Einwachsen der Feinwurzeln. »Erlaubt« ist ein Bodenaktivator, der für aktives Bodenleben sorgt. Beigemischte Mykorrhiza-Pilze helfen bei der Nährstoffaufnahme, indem sie das Wurzelwerk der Rose vergrößern.

4

5

Verletzte Wurzeln schneiden und dickere Wurzeln leicht anschneiden, die Schnittstelle soll jeweils weiß sein. Feine Faserwurzeln bleiben unberührt. Die Hauptwurzeln sollten etwas länger sein als die Triebe!

6

Jetzt den Aushub wieder einfüllen. Die an der Verdickung erkennbare Veredelungsstelle soll 8–10 Zentimeter mit Erde bedeckt sein. So ist die Pflanze vor Frost und Trockenschäden geschützt. Rose beim Auffüllen immer wieder gerade richten.

7

Nachdem man die Erde rund um die Wurzeln vorsichtig angedrückt und einen Gießrand geformt hat, wird die Rose mit Wasser eingeschlämmt. Anschließend als Verdunstungsschutz die Triebe gut anhäufeln – im Frühjahr für etwa 6–8 Wochen. Die Rose wächst so besser an.

STEP BY STEP: BALLEN- ODER CONTAINERWARE

Bei vielen Rosen, die im Container angeboten werden, steht die Veredelungsstelle knapp über dem Boden. Sie muss beim Einpflanzen am neuen Platz unbedingt unter die Erde kommen.

1 Das Pflanzloch sollte etwa die doppelte Größe und Tiefe des Wurzelballens haben (40–50 Zentimeter tief). Die Erde an der Seite und Sohle gut lockern. Bei verdichteter Sohle eine Drainageschicht (> Seite 34) einbringen.

2 Rose samt Topf oder Ballentuch wässern, damit die Erde an den Wurzeln bleibt. Ist der Ballen stark verwurzelt, lockert man den Filz mit der Schere auf oder schneidet ihn vorsichtig ab. Nur so kann die Rose später ihr Wurzelwerk ausdehnen und ausreichend Wasser aufnehmen.

3 Die Veredelungsstelle muss zum Schutz vor Frost und Trockenschäden wie bei den wurzelnackten Rosen 8–10 Zentimeter unter der Erdoberfläche zu liegen kommen. Beim Einfüllen der Erde genauso wie bei den wurzelnackten Rosen (> Seite 63) verfahren.

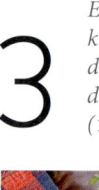

4 Ist der Boden sehr trocken, kann man bereits beim Verfüllen des Pflanzlochs mit Wasser angießen. Die Erde am besten nur mit den Händen verdichten – Rosen mögen's luftig um die Wurzeln. Formen Sie nach dem vollständigen Einbringen des Bodens einen Gießrand und gießen Sie die Rose reichlich an.

NACHPFLEGE VON ROSEN

Gießen muss sein, bis die Rose ausreichend verwurzelt ist! Dabei gelten folgende Regeln:

- **Durchdringend:** Das Wasser soll langsam versickern, darum Gießrand anhäufen.
- **Ausreichend:** Das Wasser soll tief eindringen, sonst bilden sich nur oben Feinwurzeln.
- **Gezielt:** Nicht Blätter und Blüten gießen, sonst besteht Pilzgefahr!
- **Zur richtigen Zeit:** Möglichst morgens gießen, dann ist der Verlust durch Verdunstung gering. Wer auf Nummer sicher gehen will, schlägt in einen alten Plastikeimer mit dem Nagel ein kleines Loch und stellt den mit Wasser gefüllten Eimer zur Pflanze. Das Wasser fließt nicht schneller ab, als es die Erde aufnehmen kann, und so kommt alles der Pflanze zugute, die durchdringend gewässert wird.

Neben Wasser brauchen Rosen auch viele Nährstoffe, am besten nimmt man speziellen Rosendünger und hält sich an diese Zeiten:

- **Erste Düngung:** Mitte März
- **Nachdüngen:** Ende Juni
- **Ab Mitte Juli:** kein Volldünger, damit die Triebe ausreifen können

Nährstoffmängel erkennen:

- **Stickstoffmangel:** kleinere Blätter, gelblich-grüne Färbung
- **Phosphormangel:** mehr oder weniger ausgeprägte violette Blattverfärbung
- **Kaliummangel:** untere Blätter werden vom Rand her gelb, dann braun
- **Magnesiummangel:** mosaikartiges Gelb-Grün auf den Blättern
- **Eisenmangel:** jüngere Blätter werden gelb, die Blattadern bleiben grün, schwache Triebe, kaum Blüten

Rosenschnitt

Der Schnitt im **Sommer** beschränkt sich darauf, Verblühtes zu entfernen. Dabei nicht nur die Blüte, sondern bis zum ersten voll entwickelten Laubblatt (5–7 Fiederblätter) zurückschneiden.

Der eigentliche Rückschnitt erfolgt im **Frühling.** Gängig ist die Empfehlung, Rosen zur Zeit der Forsythienblüte zu schneiden; die blüht aber sehr unterschiedlich! Halten Sie sich deshalb besser an die Zierkirschen: Die sind nicht so früh dran – erst Mitte April bis Ende April. Zu früher Rückschnitt der Rosen kann zu massiven Frostschäden führen, denn erfolgt dieser im März und treiben die Rosen anschließend aus, dann ist bei einem Kälteeinbruch im April alles dahin.

- Für den Schnitt scharfes Werkzeug verwenden und auf glatte Schnittfläche achten.
- Man schneidet einen Zentimeter über dem nach außen zeigenden Auge.
- Frostgeschädigte und verletzte Triebe bis ins gesunde Holz zurückschneiden.
- Dünne und sich überkreuzende Triebe herausschneiden.
- Wildtriebe nicht abschneiden (regt das Wachstum an!), sondern an der Ansatzstelle abreißen. Man erkennt sie daran, dass sie aus der Erde kommen, anders aussehen und stärker wachsen als der Rest der Pflanze. Entfernt man sie nicht, verdrängen sie die veredelte Sorte.

Winterschutz

Stehen **Strauchrosen** exponiert, können große Fichtenzweige kalte austrocknende Winde brechen, Schutz vor der Wintersonne geben und einen frühzeitigen Austrieb unterbinden. Bitte nicht zu dicht einpacken! Rosen mögen es trotzdem luftig. Kleine bzw. **Zwerg- oder Kleinstrauchrosen** sind sehr robust. Schutz benötigen sie meist nicht. Nicht mit Rindenmulch anhäufeln, die Pflanze leidet unter den darin reichlich enthaltenen Gerbstoffen.

Für **Kletterrosen** sind sonnige Tage mit Minusgraden problematisch. Besonders an Südwänden kommt es zur Erwärmung, die Winterruhe wird unterbrochen. Ist es dann nachts frostig, entstehen die bekannten Frostschäden. Eine Schilfrohrmatte oder Fichtenreisig macht der Rose das Überleben leichter.

Bei **Hochstämmen** müssen besonders Krone und Stämmchen geschützt werden. Dazu gibt es zwei Lösungen: Die Krone profitiert von einem Wärmeschutzvlies oder eingesteckten Fichtenzweigen. Das Stämmchen muss man vor Frostrissen schützen, die eine zukünftige Nährstoffversorgung erschweren und Pforten für Krankheitserreger sind. Bewährt hat sich dabei das Umlegen der Stämme. Hierzu den Stamm sachte über die Zapfenschnittstelle nach unten biegen und die Krone an einem Holzstab festbinden, den man zuvor in den Boden gesteckt hat. Der Stamm ist so vor Frostrissen geschützt. Wem das zu riskant erscheint, der belässt die Rose an einer ausreichend stabilen Stütze und sorgt für eine gute Verpackung. Ein dichtes, luftdurchlässiges (damit sich kein Kondenswasser bildet) Stück Vlies reicht dafür aus. Für einen 90 cm hohen Stamm benötigt man ein 2 × 2,50 m großes Stück Vlies. Es wird über die Krone gelegt, um den Stamm gewickelt und durch Bindung gesichert. Die Hülle kann man mit Stroh oder Holzwolle ausstopfen.

Neupflanzungen häufelt man mit Komposterde, Erdreich, Laub oder gehäckseltem Material an und deckt sie dann mit Fichtenreisig flächig ab.

Gutes Vlies soll die Sonnenstrahlen vor allem im ausgehenden Winter abhalten, die Verdunstung herabsetzen, gleichzeitig aber den Luftaustausch gewährleisten.

Über den richtigen Rosenschnitt sollte man sich gründlich informieren. Wichtig ist eine scharfe Schere, die gut in der Hand liegt.

AUF GUTE PARTNERSCHAFT

Welche Pflanzen harmonieren mit Rosen? Da lassen sich unter Gehölzen, Stauden, Sommer- und Zwiebelblumen einige finden. Auf jeden Fall sollen die Begleiter die Ausstrahlung der Rose bestens zur Geltung bringen und unterstreichen.

Ob Pergola, Mauer oder Zaun – Kletterrose und Clematis sind ein gutes Team.

Die Kombination mit anderen Pflanzengruppen, die ähnliche Standortansprüche haben, zahlt sich nicht nur optisch aus. Im Team sind alle Beteiligten weniger anfällig für Krankheiten, die Widerstandskraft wird erhöht. Hier einige Pflanzklassiker:

DAS DREAM-TEAM: CLEMATIS UND ROSE

Clematis und Rose – die zwei gehören für viele Gärtner zusammen! Wichtig für ein gutes Miteinander: Die Clematis soll die Rose nicht überwuchern, die Blütezeiten sollen harmonieren. Überlegen Sie gut, welche Farben Sie kombinieren! Gut für beide Pflanzen ist eine Südost- oder Südwestlage. Der Fuß der Clematis soll durch Mulch oder niedrigwüchsige Stauden beschattet sein. Sonnig, nährstoffreich und locker mag es die Rose. Sonnig, humusreich, feucht und tiefgründig mag es die Clematis – da gibt es viele Gemeinsamkeiten!
Wer einer vorhandenen Rose eine Clematis zur Seite stellt, wählt einen Platz auf der Nordseite der Rose. Graben Sie in etwa 30 Zentimetern Abstand zur Rose, deren Wurzeln sollten nicht unnötig gestört werden. Optimal ist ein ungefähr 40 Zentimeter tiefes Pflanzloch, in das Sie gut verrotteten Kompost hineingeben und gründlich mit dem vorhandenen Boden mischen. Ein bis zwei Augenpaare der Clematis sollen zusätzlich unter die Erde (> Seite 113). Anschließend Erde auffüllen, andrücken, gießen. Kommen Rose und Clematis gleichzeitig in den Boden, ist ein Abstand von 80–100 Zentimetern besser.

LAVENDEL UND ROSE

Obwohl der Lavendel oft spontan als idealer Rosenbegleiter genannt wird, ist diese Kombination nur mit Vorsicht zu genießen. Denn im Gegensatz zu den Rosen, die es gerne üppig mögen, bevorzugt Lavendel Standorte auf magerem, durchlässigem Untergrund. Auf nährstoffreichen Lehmböden, wie ihn die Rosen schätzen, neigt er dazu, starkwüchsig und frostempfindlich zu werden.

Wer dennoch an der Kombination festhalten will, wählt am besten eine von Natur aus stark wachsende Lavendelsorte wie beispielsweise 'Grappenhall' aus. Diese kommt mit den von Rosen gewünschten Rahmenbedingungen am besten klar. Der Pflanzabstand sollte etwa 60 Zentimeter betragen. Dabei wird die Rose etwas tiefer, der Lavendel auf einen kleinen Erdwall gesetzt; durch diesen Kunstgriff bekommt die Rose beim Gießen immer etwas mehr Wasser ab.

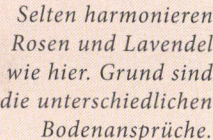

Selten harmonieren Rosen und Lavendel wie hier. Grund sind die unterschiedlichen Bodenansprüche.

DIE ROSENKAVALIERE

Umschmeicheln ja, Bedrängen nein: Unter diesem Motto steht das Miteinander von Rosen und ihren Begleitern. Je nach Sorte sollten beispielsweise Stauden einen Höflichkeitsabstand von etwa 50 Zentimetern einhalten, damit sie die Rose nicht überragen. Wuchernde und sich über Wurzelausläufer ausbreitende Vertreter fallen von vornherein weg. Achten Sie bei der Auswahl der Stauden darauf, dass die Blüten- und Laubfarben harmonieren, ebenso die Formen. Die hohen Blütenstände von Königskerze, Fingerhut, Stockrosen und Rittersporn bieten sich an, ebenso Gräser wie Lampenputzergras, Blauschwingel oder Zierhirse, deren Laub neben den Rosenfarben beruhigend wirkt.

Erst mit den richtigen Pflanzpartnern zeigen Rosen ihre ganze Schönheit.

STAUDEN
PFLANZEN

GESTATTEN: MEIN NAME IST STAUDE

Wie von einer geheimen Uhr geweckt erscheinen Stauden im Frühjahr aus der Erde, im Herbst tauchen sie in den Untergrund ab. Anhand ihrer Blätter, Blüten und Samenstände kann man wunderbar den Wechsel der Jahreszeiten erleben.

Gräser und immergrüne Bodendecker: attraktiv, wenn andere Stauden verblüht sind

Große Frage: Was haben alle Pflanzen auf dieser Seite gemeinsam? Ein Botaniker würde sagen: »Herzlich wenig!«, denn sie entstammen ganz unterschiedlichen Gattungen. Der praktische Gärtner erkennt sofort – die sitzen in vielerlei Hinsicht im selben Boot:

• Im Gartenmarkt findet man alle in der gleichen Abteilung, und zwar bei den mehrjährigen Pflanzen, die im Gegensatz zu Bäumen und Sträuchern nicht verholzen.

• Stauden pflanzt man nur einmal, allerdings schwankt ihre »Lebenserwartung«. Kurzlebige Sorten wie den Rittersporn muss man nach wenigen Jahren teilen und verjüngen, langlebige wie die Pfingstrosen werden mit den Jahren immer üppiger.

• Alle Stauden erfüllen im Garten einen ähnlichen Verwendungszweck (> Seite 78), enorm ist die Auswahl an Farben und Formen rund ums Jahr.

• Am wichtigsten: Alle hier besprochenen Pflanzen kommen auf ähnliche Weise in die Erde. Und das ist die Hauptsache – wenigstens in diesem Buch!

Farben und Formen satt in der Prärie-Wiese: weiße Schafgarbe, orange-gelbe Taglilien und violetter Purpur-Sonnenhut

Duftnesseln mögen's am liebsten sonnig und trocken (links). Abseits der Sonne sind die Wedel des wintergrünen Wurmfarns mindestens ebenso attraktiv (rechts).

Übrigens: Botanisch gehören auch die Zwiebelblumen zur großen Gruppe der Stauden. Da diese jedoch Nährstoffvorräte in Speicherorganen unter der Erde bunkern und anders gepflanzt werden, ist ihnen ein eigenes Kapitel vorbehalten (> ab Seite 91).

Sommerrabatte: lila Phlox, gelbe Sonnenbraut, lila Indianernessel, dazu feuerfarbene Montbretien

JEDE AN IHREM PLATZ

Stauden haben ganz unterschiedliche Ansprüche an Boden, Licht und Wasser und somit genaue Vorstellungen, wo sie wachsen möchten. Die Gärtnerprofis haben Stauden mit ähnlichen Bedürfnissen bestimmten »Lebensbereichen« zugeordnet. Vertreter aus denselben Bereichen kann man relativ unkompliziert zu »Lebensgemeinschaften« und bunten Gartenbildern kombinieren. Die Vielfalt ist schier unerschöpflich!

Wer sich zu Spontan-Staudenkäufen hat hinreißen lassen, informiert sich am besten vor dem Einpflanzen, zu welcher Gruppe die Neuerwerbungen gehören. Am passenden Platz ist der Pflegeaufwand am geringsten! Wo eine Staude stehen will, verraten die Abkürzungen auf dem Etikett:

- G   unter **Gehölzen**
- GR   am lichten **Gehölzrand**
- FR   auf offener **Freifläche**
- B   gut versorgt in **Beeten**
- ST   in mageren, eher trockenen **Steinanlagen**
- WR   am feucht-sumpfigen **Wasserrand**

AM GEHÖLZRAND
*am Rand von Hecken,
Sträuchern und Bäumen,
z. B. Fingerhut, Funkie,
Elfenblume*

IM BEET
*Prachtstauden, die
Ansprüche in Bezug auf
Wasser und Nährstoffe stellen,
z. B. Sonnenhut, Rittersporn*

WOHIN MIT DEN STAUDEN?

AUF DER FREIFLÄCHE
*Sonnenkinder, die aus Prärie oder
Wiese stammen; zwischen »feucht«
und »trocken« wachsen
z. B. Wasserdost, Wiesenraute,
Schafgarbe und Prachtscharte*

IM KÜBEL
hier wachsen Küchenkräuter, z. B. Minze; oder
Halbsträucher wie Rosmarin, Salbei, Oregano

3

STEINANLAGEN
steinig, nährstoffarm
und sonnig mögen's
z. B. Kartäusernelke,
Mauerpfeffer, Blaukissen

5

UNTER GEHÖLZEN
lichten Schatten und
lockeren, humusreichen
Boden mögen z. B. Geißbart,
Schaublatt, Schaumblüte

7

AM WASSERRAND
feucht und sumpfig stehen
z. B. Mädesüß, Blutweiderich
und Trollblume am liebsten

6

MIT POTENZIAL NACH OBEN

Stauden, die gerade in voller Pracht zum Verkauf stehen, sind einfach unwiderstehlich. Man kann gar nicht anders: Sie landen sofort im Einkaufswagen. Warum auch nicht, als Containerpflanzen kann man sie – abgesehen von frostigen Phasen – ganzjährig in die Erde setzen. Kurz nachgedacht: Worauf achten Sie, wenn Sie einen Blumenstrauß kaufen? Wahrscheinlich darauf, dass noch viele Knospen dabei sind – das ist in den meisten Fällen die Garantie für lange Haltbarkeit. Beim Staudenkauf sollten Sie es ähnlich halten: Austreibende Stauden können sich darauf konzentrieren, erst einmal ihre »unterirdische Infrastruktur« aufzubauen – das Beste kommt noch.

Ganz anders eine voll erblühte Staude: Sie steht im Zenit ihres Wachstums und muss Topleistungen bringen. Der Wasser- und Nährstoffnachschub durch die Wurzel muss lückenlos gesichert sein, damit sie oberirdisch ihre Pracht entfalten kann. Steht jetzt ein Umzug in eine neue Umgebung, in neue Licht- und Bodenverhältnisse an, dann ist Stress fast zwingend vorprogrammiert. Auch für den Gärtner, der jetzt vermehrt Aufwand in Pflege – respektive Gießen – investieren muss. Genau aus diesem Grund werden auch Stauden, die man übers Internet bezieht, vorzugsweise in der Vegetationsruhe verschickt. Bei manchen ist dann nach dem Auspacken überirdisch wenig zu sehen. Aber keine Sorge! Die vitale Wurzel ist die Garantie für Wachstum.

Probleme treten vor allem in folgenden Fällen auf:

Tankstelle Aster: Insektenfreundlichkeit ist auch ein Kriterium bei der Staudenwahl.

• Schwierigkeiten mit dem Akklimatisieren haben frühlingsblühende Stauden, denen bisher im Gewächshaus vorgegaukelt wurde, dass es draußen schon hell und frostfrei ist. Werden sie ins Freiland verpflanzt, erfrieren sie bei Minusgraden. Solche Stauden brauchen auf jeden Fall eine Eingewöhnungsphase an einem geschützten Ort und eine Abdeckung bei Frost!

• Stauden, die im Herbst noch voll im Saft stehen, obwohl sich der Winter bereits angekündigt hat, haben Probleme, zur Ruhe zu kommen. Sie sollte man besser nicht kaufen.

DIE BESTE PFLANZZEIT

Locker und krümelig soll die Erde beim Einpflanzen sein. »Schmiert« sie und lässt sich wie Ton zwischen den Fingern verreiben, so ist sie zu feucht und kann leicht verdichten. Soll das Anwachsen für die Staude möglichst unkompliziert ablaufen, helfen diese Regeln:

TIPP: Eine Schattenstaude wird in der prallen Sonne nicht glücklich. Pflanzen, die es im Halbschatten aushalten, können Sie ein Mehr an Sonnenstunden aber immerhin durch vermehrtes Gießen schmackhaft machen. Stauden, die nicht nach Wunsch mit Sonne verwöhnt werden, gehen nicht gleich ein, sondern zeigen weniger Blüten.

Triebe:
der Jahreszeit entsprechend entwickelt: im Frühjahr austreibend, im Herbst einziehend; Ausnahmen: Immergrüne wie Leberblümchen, Schleifenblumen

Wuchsform:
frisches, grünes Aussehen; artgerechte Wuchsform im Sommer; zahlreiche Erneuerungsknospen im Herbst und Winter über, an oder unter der Erde; ohne Pilze und Schädlinge

Topf:
kompakter Ballen, gut durchwurzelt; kein Spiralwuchs der Wurzeln; kein Wurzelfilz; unkrautfrei

- Im **Herbst** oder nach der Blüte, auf jeden Fall vor dem Frost, pflanzt man Frühlings- und Sommerblüher, die kälteunempfindlich sind. Im warmen Boden – meist bis Anfang November – können die Wurzeln noch Fuß fassen und dann im Frühling durchstarten. Weiterer Pluspunkt der Herbstpflanzung: Man kann die oberirdischen Triebe für den Transport und zur Arbeit problemlos einkürzen.
- Im **Frühling** setzt man Sommer- und Herbstblüher sowie frostempfindliche und wärmeliebende Stauden, deren Wurzeln dicht unter der Oberfläche wachsen. In diese Kategorie fallen Japanische Anemonen, Berg-Astern und Herbst-Chrysanthemen, aber auch Farne. Nässeempfindliche Gräser und Farne pflanzt man ebenfalls besser im Frühjahr.
- Wer im **Sommer** umgestaltet, muss gegebenenfalls viel gießen. Dieses Schicksal kann einen aber auch in einem trockenen Frühjahr treffen.
- Keine Regel ohne **Ausnahmen**: Die jungen Triebe der Pfingstrose brechen leicht. Bei Pflanzung im Herbst gibt es deshalb weniger Probleme. Die Augen, aus denen Pfingstrosen austreiben, sollten nur leicht mit Erde bedeckt sein, sonst blühen sie nicht. Schwertlilien, die zwischen April und Juli blühen, bringt man am besten in der Ruhephase im August in den Boden. Auch hier gilt: Nicht zu tief pflanzen, der obere Teil des Rhizoms soll sichtbar sein.

STAUDENBEETE PLANEN

Eine Staude kommt selten allein. Soll heißen: Stauden werden meist im Team gepflanzt, um sich gegenseitig besser zur Geltung zu bringen. Damit es nicht langweilig wird, variiert man Blüten- und Blattformen, »spielt« mit unterschiedlichen Blütezeiten. Angesichts eines Sortiments mit unendlich vielen Sorten und Arten fällt die Kombination allerdings nicht immer leicht! Doch Stauden im Beet kann man sich vorstellen wie Figuren auf einem Schachbrett:

• Da gibt es zum einen den König und die Dame – das sind die Solisten, um die sich alles dreht und die den Ton angeben. Der Staudengärtner nennt sie **Leitstauden**. Weil Stauden nur relativ kurz blühen, darf es im Wechsel der Jahreszeiten immer mehrere Könige und Damen geben, die einzeln oder in Minigruppen von bis zu drei Pflanzen im Beet »regieren« dürfen.

• Den Hofstaat bilden die **Begleitstauden**. Sie umschmeicheln die Majestäten in Gruppen oder Bändern von bis zu zehn Mitgliedern. Standesgemäß sind sie natürlich auch etwas niedriger im Wuchs und weniger spektakulär.

• Die Bauern sind das Fußvolk im Staudenbeet. Sie sind die Lückenbüßer, die großzügig verteilt werden und darum in Fachkreisen als **Füllstauden** bezeichnet werden. Sie »dienen«, indem sie Unkraut fernhalten oder welkes Laub abdecken.

Am besten pflanzen Sie gleich mehrere »Königreiche« nebeneinander, das nennt man dann Wiederholung oder Rhythmisierung – dadurch kommt Abwechslung ins Bild!

Pflanzabstand bei Stauden:

• Beim Pflanzabstand gilt die Faustregel: Halb so viel Abstand, wie die Staude hoch wird. Damit kommt man auf 5–6 Beetstauden pro Quadratmeter.

• Polsterpflanzen breiten sich liebend gern zu den Seiten aus, hier ist mehr Zwischenraum empfehlenswert, also ca. 2–3 Polsterstauden pro Quadratmeter.

• Bei kleinwüchsigen Beetstauden kann man etwas großzügiger disponieren und 6–7 Stück pro Quadratmeter einplanen.

Nicht zu viel und nicht zu wenig

Oft ist auf dem Etikett die Pflanzdichte in Stückzahl pro Quadratmeter vermerkt. Diese Angabe kann man ganz einfach in den richtigen Pflanzabstand umrechnen: Teilen Sie dazu die Zahl 100 durch die Anzahl der Stauden pro Quadratmeter und multiplizieren Sie das Ergebnis mit 2 – schon haben Sie den Pflanzabstand in Zentimetern pro Staude. Je kleiner also die Staude, desto größer die Mannschaft (10–12 dürfen es schon mal sein) – am besten wählt man eine ungerade Zahl, so lassen sich die Pflanzen schöner arrangieren.

Wer nicht gleich aufs Ganze gehen will, weil er sich wegen des Standorts unsicher ist, kauft erst einmal ein bis zwei »Probeexemplare« seiner Wunschkandidaten. Die lässt man dann ein Jahr am vorgesehenen Platz wachsen. Geht das gut, kann man guten Gewissens nachkaufen!

Grundsätzlich sollten Sie die Pflanzen aber auch nicht mit zu großem Abstand setzen, denn je schneller der Boden bedeckt ist, umso weniger Unkraut stellt sich ein. Kleiner Tipp: Lücken in den ersten Jahren lassen sich auch prima mit ausgesäten Einjährigen füllen (> Seite 117)!

Wie man die Idee auf die Fläche bringt

Ganz schön schwierig, wenn man ein komplettes Beet gestalten will – etwa so, als ob man für ein großes Gemälde den Pinsel ansetzt. Aber es gibt Hilfe:

• Unterteilen Sie die Fläche mit hellem Sand in metergroße Quadrate. Viele Staudengärtner (> Service, Seite 138) bieten maßstabsgetreue Pflanzpläne mit Einkaufsliste an. Die Pläne können Sie 1:1 auf die Fläche übertragen und die Stauden im passenden Abstand auslegen, ohne stets nachmessen zu müssen.

• Pflanzen im Topf vor dem Eingraben auf der Fläche auslegen. So kann man sich ein erstes Bild davon machen, wie sie später im Zusammenspiel wirken. Erst wenn alles rund und stimmig ist, greift man zu Staudenspaten und Pflanzschaufel.

• Manche Gärtnereien bieten fertig geschnürte Staudenpakete an, die auf bestimmte Licht- und Bodensituationen zugeschnitten sind. Wer nicht Kataloge wälzen will, findet hier bestimmt eine attraktive Lösung, die ihm gefällt und die längerfristig gut funktioniert!

Stauden wirken am besten in größeren Verbänden. Die Pflanzbereiche der Arten kann man mit Sandlinien festlegen.

Keine Lust und Zeit, sich selbst eine Pflanz-Kombi zusammenzustellen? Dann kann man auf Vorschläge von Stauden-kennern zurückgreifen!

HAUPTSACHE, GUT VORBEREITET

Wer Stauden pflanzt, will sich in den nächsten Jahren entspannt zurücklehnen, den Garten genießen und möglichst wenig Pflegeaufwand haben. Den Grundstein dazu legt man durch eine standortgerechte Verwendung der Pflanzen. Sie können aber noch mehr tun:

• **Einkauf:** Nur keine Hemmungen! Heben Sie eine Staude, auf die Sie Ihr Auge geworfen haben, gerne mal aus dem Pflanztopf heraus. Gut durchwurzelt sollte der Ballen sein und möglichst viel Erde festhalten. Doch aufgepasst! Treiben sich am Topfrand schon Ringwurzeln herum, haben Sie es möglicherweise mit einer stark ausläufertreibenden Pflanze zu tun (> Info) – hiervon sollten Sie besser die Finger lassen.

Unkräuter am besten vor dem Pflanzen entfernen – hinterher im Beet ist das eine mühselige Sache.

• **Gut aufbereitet:** Der Boden muss so vorbereitet werden, dass die Stauden entsprechend ihren jeweiligen Bedürfnissen optimal Wasser und Nahrung aufnehmen können. Das bedeutet: Die Erde am besten mit der Grabegabel mindestens 25, für Tiefwurzler bis zu 40 Zentimeter tief lockern. Hungrigen Beetstauden sollte kontinuierlich Nahrung zur Verfügung stehen. Hierzu Kompostgaben und organischen Dünger unter den Mutterboden mischen. Extrem sandige Böden kann man mit Humus, extrem tonige mit Sand verbessern. Eine Pauschallösung gibt es nicht, es kommt allein auf die Ansprüche der jeweiligen Bepflanzung an.

• **Unkraut jäten:** Damit die Stauden nicht gleich mit Wildkräutern um die Wette wachsen müssen, wird das Beet gejätet. Und zwar sorgfältig! Hartnäckige Gesellen wie Giersch, Ackerwinde oder Quecke können Ihnen (und den Stauden) das Leben zur Hölle machen. Wird die Fläche im Sommer über einen Zeitraum von mehreren Wochen und Monaten abgedeckt, wachsen die Wurzelunkräuter darunter ins Uferlose. An alle Technikfreaks: Vorsicht mit der Motorfräse! Dadurch werden Wurzelunkräuter in viele kleine Teile gehäckselt, die dann zuverlässig alle austreiben – das Problem hat sich dadurch vervielfacht!

• **Pflanztopf begutachten:** Achten Sie auf blinde Passagiere im Staudentopf. So manches Samenunkraut schleicht sich auf diese Weise unbemerkt in den Garten. Beispielhaft ist hier der Hornsauerklee zu nennen, der manchen Gartenbesitzer zur Weißglut bringt. Wäre doch schade, wenn mit der Staude gleich neue Arbeit ins Beet kommt! Besser ist es, die oberen 1–2 Zentimeter der Topferde abzunehmen, wo Wildkräuter wachsen oder als Samen schlummern können. Jetzt geht das viel einfacher, sozusagen »auf Augenhöhe«, als später im Beet.

Staude am Tropf

Bewässerungssysteme bringen das Wasser direkt an die Wurzeln und senken den Verbrauch. Voraussetzung ist ein Wasseranschluss in der Nähe. In Staudenbeeten haben sich Tropfschläuche bewährt. Es gibt Systeme, bei denen einzelne Düsen auf den Wasserbedarf bestimmter Stauden eingestellt werden können. Perl- und Schwitzschläuche lassen sich in die Erde verlegen oder unter der Mulchschicht verbergen. So kommt jeder Tropfen Wasser an die Wurzel.

TIPP: Soll eine große Fläche bepflanzt werden, kann man Bretter als Tritthilfe auslegen. Dies hilft, die Bodenverdichtung infolge der Begehung zu minimieren. Zudem bleiben die Schuhe hübsch sauber!

Vorsicht, Wurzelausläufer!

- Manche Stauden und Gräser breiten sich über Wurzelausläufer unkontrolliert aus. Bitte im Auge behalten, am besten mit Wurzelsperre pflanzen:
- Schnee- und Goldfelberich
- Gewöhnliches Seifenkraut
- Goldnessel
- Immergrün
- Rohrglanzgras
- Blutgras 'Red Baron'
- Waldmarbel
- Zwergbambus

Schon im Topf ist der Expansionsdrang zu erkennen. Hier kann eine Wurzelsperre sinnvoll sein.

STEP BY STEP
STAUDEN PFLANZEN

Setzen Sie bei der Auswahl nicht nur auf Blüten, sondern auch auf Samen- und Fruchtstände sowie Blattschmuck. Und bitte: Nehmen Sie Rücksicht auf die sehr unterschiedlichen Standortansprüche der Stauden – dann sind sie auch pflegeleicht.

1

Alle Stauden in ihren Pflanztöpfen bereitstellen. Traditionell pflanzt man sie bevorzugt an einem trüben Tag im Frühjahr oder Herbst. Dann ist das Wetter mild, der häufige Regen hält den Gießaufwand gering.

Vor dem Pflanzen unbedingt alle Unkräuter und deren Wurzeln aus dem Erdreich entfernen. Boden tiefgründig gut auflockern und mit dem Rechen glätten. Die Ansprüche an die Erde variieren stark: mit Kompost, etwas Sand oder mineralischen Bestandteilen.

3

Mit Sand oder Kalk kann man den Pflanzplan auf die Fläche übertragen. Versuchen Sie, beim Planen, Verteilen und Einpflanzen möglichst wenig auf die bereits gelockerte Erde der Pflanzfläche zu treten. So lassen sich Verdichtungen des Bodens vermeiden.

2

Alle Stauden noch im Topf im jeweils passenden Pflanzabstand auf der Fläche verteilen. Dieser variiert je nach Art der Staude. Beginnen Sie beim Verteilen am besten mit den größten, also den Leitstauden, und ordnen Sie dann die Füllstauden drum herum an. Auf diese Weise kann man sich jetzt ein gutes Bild von der räumlichen Staffelung machen und gegebenenfalls noch korrigieren.

4

5

Staude vor dem Einpflanzen in einem Eimer mit Wasser gut wässern, bis keine Luftbläschen mehr aufsteigen!

6

Pflanzloch graben: Es soll doppelt so tief und breit sein wie der Wurzelballen. Die Staude so tief setzen, wie sie im Topf stand. Im Herbst etwas tiefer, weil der Frost die Pflanzen nach oben schieben kann. Erde gut mit den Händen andrücken.

7

Stauden gründlich wässern, und zwar vor allem die Wurzeln. So wird der Kontakt mit dem Boden verbessert. Etwas organischen Dünger in den Oberboden mit dem Grubber einarbeiten. Beetstauden, die wasserbedürftig sind, und die meisten Schattenstauden sind für eine Mulchschicht dankbar.

WIE KOMMT DAS DING AUS DEM TOPF?

»Staude aus dem Topf nehmen« – das ist manchmal leichter gesagt als getan. Denn die Pflanze weigert sich hartnäckig, ihr bisheriges Domizil zu verlassen. Jetzt ist Fingerspitzengefühl gefragt, denn sie soll sich ja unbeschadet aus dem Behältnis lösen.

Meistens reicht es, den Wurzelballen ein wenig zu lockern.

Wer beurteilen will, ob eine Staude gesund und wuchskräftig ist, muss sich vor allem auf die Wurzeln verlassen – mehr ist beim Kauf oft nicht zu sehen. Sind die gut entwickelt, so wird die Staude wahrscheinlich gut wachsen. Auf das Aussehen des Laubs kann man sich nicht verlassen, üppige oberirdische Triebe zur »Unzeit« können sogar kontraproduktiv sein:

• Vor der Zeit austreibende Stauden, die vor Wind und Wetter geschützt im Gewächshaus herangewachsen sind, erfrieren gerne mal, wenn sie zu früh ausgepflanzt werden.

• Eine Staude, die noch im Spätherbst mit grünem Laub anzeigt, dass sie beileibe nicht ans Überwintern denkt, wird mit größerer Wahrscheinlichkeit erfrieren. Offensichtlich ist sie mit zu viel Stickstoff gedüngt worden und kommt deshalb nicht zur Ruhe. Ausnahmen von der Regel sind Winter- und Immergrüne, wie Immergrün, Purpurglöckchen oder Bergenien.

Im Idealfall ist der Topf einer Staude gut durchwurzelt, die vorhandene Erde wird gut festgehalten. Solche Stauden lassen sich relativ einfach aus ihrem Gefäß herausholen:

• Man umfasst die Triebe der Staude vorsichtig mit einer Hand dicht über dem Boden und zieht die Pflanze samt Erdballen behutsam aus dem Gefäß.

• Bei einem Kunststofftopf kann man zusätzlich nachhelfen: Man quetscht das Gefäß mit den Fingern etwas zusammen, sodass die Staude nach außen gedrückt wird. Bewegt sich immer noch nichts, so kann man den Plastiktopf auch ganz einfach mit der Gartenschere oder einem scharfen Messer seitlich aufschneiden, ohne dabei den Wurzelballen zu verletzen.

GEFÄSSSCHONEND AUSTOPFEN

Ihre Staude wächst in einem dekorativen Tontopf, den Sie nicht zerstören möchten? Dann gibt's unterschiedliche Optionen:

• Bei einem klassischen Tontopf hilft es, diesen vorher gut zu wässern, so lösen sich die Wurzeln leichter vom Topfrand.

• Den Pflanztopf in die eine Hand nehmen. Die Staude nach unten richten und die Gefäßkante mit Gefühl auf den Ballen der anderen Hand klopfen. Jetzt lässt sich die Pflanze meist herausziehen.

• Tut sich immer noch nichts? Dann lohnt der Versuch, mit einem Messer am Topfrand entlangzuschneiden und den Ballen zu lockern.

• Doch was tun, wenn die Wurzeln schon unten aus dem Loch des Pflanzgefäßes herauswachsen? Eigentlich sollte man solche Pflanzen gar nicht erst kaufen, denn sie sind »überständig«. Das heißt, dass sich Wurzelfilz im Topf gebildet hat, weil die Pflanzen nicht rechtzei-

Sind schon Wurzeln durch das Drainage-loch gewachsen, muss man den Topf eventuell opfern.

Starke Verfilzungen an der Seite und am Boden sollte man wegschneiden.

tig umgetopft wurden. Schlimmstenfalls wachsen die Wurzeln am Topfboden bereits im Kreis – Drehwuchs nennt man dieses Phänomen. Jetzt hilft nur eines, nämlich die heraushängenden Wurzeln abschneiden.

Stellt man Filz oder Drehwuchs fest, so müssen die Wurzeln zu neuem Wachstum angeregt werden. Dazu reißt man das Wurzelgeflecht mit einem Messer oder einer Schere auf. Die Pflanze hat so die Chance, neue Feinwurzeln zu bilden und sich so mit Nährstoffen und Wasser zu versorgen. Unterlässt man dies, wächst die Staude weiterhin in ihrem selbst geschaffenen »Gefängnis« und kümmert. Allein findet sie keinen Weg hinaus, obwohl der Topf den Ballen nicht mehr zusammenhält.

BESONDERE GARTENSITUATIONEN

Es gibt kaum einen Standort im Garten, für den nicht irgendein »Kraut« gewachsen ist. Ob sonnig und trocken oder schattig und feucht – es lassen sich fast immer Stauden, Gräser, Farne finden, die auch schwierige Ecken durch Blüten, Blattfarben oder -formen aufhellen.

Gehölzunterpflanzung

Halbschattig bis schattig und eher trocken – nicht jede Pflanze ist der Konkurrenz von Gehölzen um Wasser und Licht gewachsen. Bodendecker wie Golderdbeere oder Lampionblume schaffen es trotzdem, unter Gehölzen einen dichten Teppich zu bilden, der für Unkräuter undurchdringlich ist – gute Aussicht für faule Gärtner, die nicht jäten wollen. Manche Bodendecker können sogar Ärger machen: Gedenkemein oder Beinwell bilden unter Umständen einen so dichten Filz, dass sie den Gehölzwurzeln das Wasser abgraben. Hübsch sehen dort auch Akelei, Wilde Krokusse, Leberblümchen und Gelber Lerchensporn aus, vorausgesetzt, man stört ihren Ausbreitungswillen nicht durch regelmäßiges Hacken!

Unterpflanzen Sie am besten im Herbst, denn dann haben die Bäume ihr Wachstum fast beendet und ziehen nicht mehr so viel Wasser aus dem Boden. Dadurch haben die Stauden eine gute Chance, noch vor dem Winter einzuwurzeln. So gehen Sie beim Unterpflanzen vor:

• Den Boden wenn möglich lockern, dabei aber tunlichst nicht die Gehölzwurzeln verletzen. Insbesondere Flieder, Linden und Zwetschgenbäume reagieren darauf mit Stockausschlägen, das heißt, viele Ruten treiben aus dem Boden neu aus. Grundsätzlich sollten mindestens 20 Zentimeter rund um den Stamm frei bleiben.

• Dann das Unkraut jäten und dabei Pflanzlücken suchen. Die Stellen mit Stäben markieren.

• Etwa 3 Zentimeter dick Laubkompost oder Pflanzerde auftragen.

• Die Pflanzlöcher ausheben, die Stauden einsetzen und angießen.

• Fläche dünn mit Mulch abdecken, das hält den Boden feucht.

• Keinen Mutterboden aufschütten – die Bäume mögen das nicht!

Die frische Pflanzung sollte in den ersten Wochen gleichmäßig feucht gehalten werden. Sind die Stauden angewachsen, ist der Pflegeaufwand für diese Fläche gleich null. So kann man beispielsweise bei den meisten Bodendeckern das Laub der Bäume im Herbst einfach zwischen den Pflanzen liegen lassen. Es dient ihnen als Winterschutz und wird im Laufe der Zeit wieder zu Humus zersetzt, liefert somit also wichtige Nährstoffe.

Bei Flachwurzlern wie Fichte oder Birke macht das undurchdringliche Wurzelgeflecht eine Unterpflanzung nahezu unmöglich. Es fehlt an Raum, Licht und Wasser. Hier sollte man auf andere Gestaltungsmittel setzen, wie beispielsweise auf große Findlinge.

Das Frühlings-Gedenkemein bildet unter Bäumen einen dichten Teppich.

Für jeden Standort die passende Staude: Sand-Thymian (links) mag Steinfugen. In wärmeliebenden Bereichen gesellen sich mediterrane Halbsträucher wie Lavendel und Rosmarin zu den Stauden (rechts).

Die Kunst der Fuge

Wer Pflasterfugen und Mauerritzen bepflanzt, spart sich den Kampf gegen das Unkraut. Da es am Standort Fuge im Sommer sehr heiß werden kann, sät oder pflanzt man am besten im Frühjahr oder Herbst. Flach wachsende Thymianarten, Römische Kamille oder Stachelnüsschen eignen sich. Für Standorte im Schatten bieten sich Zimbelkraut, Polster- oder Zwergglockenblumen sowie Streifenfarn an. Fugen in einer Trockenmauer am besten schon beim Bau bepflanzen. Wer das verpasst hat, verwendet Pflanzen, deren Ballen sich gut teilen lässt. Diese werden einfach in eine passende Ritze gedrückt und mit etwas feuchtem Lehm fixiert.

Stars im Schatten

Für den Schatten gibt's wenige blühwillige Stauden. Dafür setzen Buntlaubige wie Funkien und Purpurglöckchen Farbakzente. Aussamende Pflanzen wie Lenzrosen, Fingerhut, Akelei und Lerchensporn bringen Naturflair. Bodendecker wie Steinsame, Waldsteinie, Haselwurz und Frauenmantel ersparen das Mähen. Auch unter den Gräsern gibt es Schattenfreunde, etwa das Japangras und die Bunte Japansegge. Farne pflanzt man am besten im Frühjahr, damit sie in Ruhe einwurzeln können. Die Waldbewohner lieben einen humusreichen Boden. Sie werden etwas tiefer als bisher eingesetzt, denn der Wurzelstock wandert mit der Zeit nach oben. Nur bei den »Kriechern« Frauenhaarfarn oder Tüpfelfarn ist das nicht notwendig. Erde rundherum gut andrücken und gießen. Gerne mit Laub abdecken.

Mediterrane Halbsträucher

In der vollen Sonne bei durchlässigem Boden sind mediterrane Halbsträucher, die teilweise verholzen, eine hübsche Staudenergänzung. In kalten Wintern sterben ihre grünen Triebe ab. Pflanzung und Rückschnitt erfolgen im April. Zum Stauden-Team mit ganz ähnlichen Ansprüchen passen Zistrose, Fingerstrauch, Johanniskraut, Lavendel, Rosmarin, Thymian und Currykraut.

PFLEGE ÜBERS JAHR

Normalerweise reicht Stauden zum Anwachsen ein wöchentliches kräftiges **Wässern** über drei bis vier Wochen lang aus, sofern es nicht regnet. Vor allem bei Frühjahrspflanzung sollte die Nässe bis in tiefere Schichten gelangen, so schickt die Staude Wurzeln dorthin aus und »weiß« dann auch, wo im Sommer Feuchtigkeit zu holen ist. Nach der Anwachsphase sollten Stauden am passenden Standort keine zusätzliche Wässerung mehr benötigen, es sei denn, der Sommer ist extrem trocken und heiß. In solchen Situationen lieber weniger häufig, aber durchdringend gießen (etwa zweimal pro Woche) als öfter und nur sparsam.

Einmal im Monat sollte das Beet auf **Unkraut** bzw. Wildkrautwuchs kontrolliert und gegebenenfalls gejätet werden, damit sich die Stauden ungestört etablieren können. Übrigens: Wenn der Boden geharkt wird, bietet er einjährigen Wildkräutern wie Springkraut und vielen Gräsern geradezu ideale Lebensbedingungen. Deshalb den Boden möglichst wenig bearbeiten. Zudem bleibt die Erde dann gleichmäßig frisch und trocknet nicht so leicht aus.

Frisch gepflanzte Stauden sind oft ein gefundenes Fressen für **Nacktschnecken**. Barrieren aus trockener Holzasche oder Sand halten sie auf Abstand, ebenso ein Kupferband. Mancher versucht es auch mit einem Schneckenzaun. Ansonsten hilft nur eins: fleißig absammeln!

Mulchen

Eine dünne Humus-Mulchschicht von wenigen Zentimetern hilft in Staudenbeeten, den Unkrautwuchs einzudämmen und Wasser im Boden zu halten.

• Kiesgärten, Steingartenbeete oder mediterrane Beete werden gerne mit Splitt oder Kalkschotter gemulcht. Das passt optisch gut und verhindert außerdem, dass unerwünschte Nährstoffe in die Flächen eingetragen werden, denn die »Bewohner« mögen es ja eher karg.

• Bitte keinen Rindenmulch oder Holzhäcksel verwenden. Beide Materialien werden von den Bodenorganismen in Erde umgewandelt, wobei Stickstoff verbraucht wird. Mulchalternativen sind Häcksel von Miscanthus-Stroh oder die »Gartenfaser« aus Holzfasern, Rindenhumus und Kompost. Die Gartenfaser eignet sich besonders in Hanglage, weil sie nicht abrutscht.

• Kompost ist prima als Mulch geeignet, doch bitte beachten, dass dieser auch als Dünger wirkt! Deshalb erst aufbringen, wenn die Stauden angewachsen sind und treiben.

Stauden stützen

Am natürlichsten wirkt hierbei die englische Methode: Dazu steckt man gut verzweigte Äste kreuz und quer rund um die Staude in die Erde. Die Staudentriebe wachsen dann einfach in die natürliche Stütze hinein. Früh genug anbringen, damit keine Blüten geknickt werden!

Manche Stauden wie der Rittersporn brauchen etwas Stütze, um Haltung zu bewahren.

Ausbreitungswütige Stauden wie den Goldfelberich im Herbst zurückschneiden.

Staudenrückschnitt

Es gibt viele verschiedene Gründe, warum bei Stauden ein regelmäßiger Rückschnitt erforderlich ist:

• **Standfestigkeit:** Bei manchen Stauden kann man durch gezielten Rückschnitt für mehr Standfestigkeit sorgen. So kürzt man Astern Ende Juni um etwa ein Drittel, die Sonnenbraut um die Hälfte ein. Knospender Phlox wird etwa eine Handbreit zurückgeschnitten. Die Pflanzen treiben dann erneut aus, wenn auch etwas später.

• **Remontieren:** Manche Stauden treiben sogar komplett neu aus, wenn man sie nach der Hauptblüte eine Handbreit über dem Boden abschneidet, danach wässert und düngt. Dazu zählen beispielsweise Rittersporn, Lupinen, Berufkraut, Garten-Salbei und Türken-Mohn.

• **Blütenschnitt:** Indem man Verblühtes einzeln herausschneidet, lässt sich bei Stauden wie Sonnenbraut, Lupine, Sonnenauge und Skabiose die Blütezeit verlängern.

• **Selbstaussaat vermeiden:** Bei Goldrute, Frauenmantel und Phlox empfiehlt es sich, diese kurz nach der Blüte zu schneiden, damit sie sich nicht hemmungslos im Garten ausbreiten.

• **Pflegeschnitt:** Beim Storchschnabel sorgt ein Rückschnitt für kompakten Wuchs.

• **Zur Ruhe kommen:** Präriekerzen, Kokardenblumen und Mädchenauge blühen unermüdlich bis weit in den Herbst hinein. Schneidet man die Blüten ab, bereiten sie sich besser auf den Winter vor.

• **Frühjahrsschnitt:** Wintergrüne und Gräser erst im zeitigen Frühjahr schneiden. Bei Letzteren dient Stehengebliebenes als Frostschutz!

Verjüngungskur

Nach etwa fünf bis sieben Jahren sollten Stauden durch Teilung verjüngt werden. Dazu den Wurzelballen ausgraben und mit dem Spaten in nicht mehr als faustgroße Teile teilen. Alte Erde und abgestorbene Pflanzenteile entfernen und die geteilten Pflanzen an ihrem neuen Bestimmungsort in lockere, mit Kompost angereicherte Erde einsetzen.

Blühen Stauden nach einigen Jahren nicht mehr allzu üppig, sollte man sie teilen.

ZWIEBEL-
BLUMEN
PFLANZEN

GESTATTEN: ICH BIN EINE ZWIEBELBLUME

Von null auf blühend – Pflanzen mit unterirdischen Energielagern können innerhalb kürzester Zeit umschalten. Als unscheinbare Zwiebeln oder Knollen gekauft, blühen sie innerhalb weniger Wochen.

Am Gehölzrand fühlen sich »kleine Wilde« wie das Hasenglöckchen zu Hause.

Das funktioniert, weil in den unansehnlichen braunen Zwiebeln oder Knollen bereits der »Blütenembryo« samt gut gefüllter Vorratskammer vorhanden ist. Ob Zwiebel, Sprossknolle oder Wurzelknolle – all diese Begriffe bezeichnen lediglich den Teil der Pflanze, der als Energiespeicher genutzt wird. Bei den Zwiebeln handelt es sich dabei um umgewandelte Blätter (z. B. Tulpen, Narzissen, Hyazinthen), bei den Knollen um Abschnitte des Stängels oder der Wurzel, die nun andere Funktionen übernehmen (z. B. Anemonen, Krokusse). Unter Fachleuten werden sie Geophythen genannt (griechisch; geo: Erde; Phyton: Gewächs). Wir bezeichnen sie der Einfachheit halber als »Zwiebelblumen«.

AM PASSENDEN PLATZ

Schön sonnig – so mögen es die meisten Zwiebelblumen am liebsten haben. Auch mit Halbschatten kommen sie zurecht, dann blühen sie meist etwas später. Im Schatten fühlen sich vor allem Hasen- und

In Gesellschaft von Polsterstauden wachsen niedere Tulpen und Narzissen im Steingarten.

Gestatten: Ich bin eine Zwiebelblume

Im Sommer blühen Wärmeliebhaber wie Gladiolen, Lilien und Dahlien im Beet und sorgen für bunte Farben(links). Etwas früher im Jahr sind Tulpen und Kaiserkronen (rechts) dran.

Schneeglöckchen wie auch Blaustern wohl, also Vertreter, die ursprünglich im Laubwald zu Hause sind. Allerdings wollen auch sie im Frühling ein paar Sonnenstrahlen abbekommen! Richtige Sonnenkinder sind Steppenkerzen und Lilien, bei Letzteren soll allerdings der Fuß beschattet sein. Die klassischen Frühlingsblüher möchten es den Sommer über schön trocken haben, damit die Zwiebelorgane sich gut erholen und ausreifen können. Bei den Zwiebelblühern, die zwischen oder vor Gehölzen wachsen, ergibt sich das von selbst: Die Bäume graben ihnen den Sommer über mit ihren Wurzeln regelrecht das Wasser ab.

Wie Fackeln ragen Steppenkerzen in die Höhe. Im Hintergrund rote Montbretien.

DER RICHTIGE BODEN

Die meisten Zwiebelblumen sind genügsam, was den Boden angeht. Locker sollte er sein, Winternässe können sie nicht ausstehen, denn da beginnen die Wurzeln und Speicherorgane zu faulen. Für mehr Luft und raschen Wasserabzug kann man mit Sand, Splitt und reifem Kompost sorgen, die unter die Erde gemischt werden. Im Extremfall kann eine Kiesschicht notwendig sein. Magere, sandige Böden sollte man mit Humus verbessern, denn nur von Luft und Liebe können Zwiebeln nicht leben.

Vor allem frisch gepflanzte Zwiebelblumen, deren Akkus voll aufgeladen sind, können im ersten Jahr noch von ihren Nährstoffvorräten zehren. Werden die Zwiebeln im Boden belassen, sollte man in den folgenden Jahren bei manchen Sorten immer wieder nachdüngen, wenn die Blüte anhalten soll (> Seite 102).

ZWISCHEN STAUDEN
z. B. Hyazinthen, Osterglocken, Tulpen, Kaiserkronen, Iris, Blauglöckchen

2

VOR ROSEN
Schneeglöckchen, Traubenhyazinthen

1

WOHIN MIT DEN BLUMENZWIEBELN?

FREI IN DER WIESE
Schneeglöckchen, Narzissen, Tulpen

4

BEI FEUCHTEM BODEN
z. B. Zierlauch, Schachbrettblume, Märzenbecher

5

IN KÜBELN UND KÄSTEN
*vor allem niedrige, kräftige
und farbenfrohe Arten*

3

6

IM STEINGARTEN
*z. B. Krokus, Iris,
Traubenhyazinthen,
Botanische Tulpen*

8

**ZWISCHEN UND
UNTER GEHÖLZEN**
*z. B. Schnee- und Blau-
glöckchen, Anemonen,
Märzenbecher*

7 **IM RASEN**
*z. B. Krokus, kleine
Narzissen, Schneeglöckchen,
Traubenhyazinthen*

WELCHE HÄTTEN SIE DENN GERNE?

Es ist wie die Katze im Sack kaufen: Vollkommen unspektakulär sehen die kleinen Dinger aus, die da braun und trocken vor einem liegen. Allenfalls die bunten Bilder auf der Verpackung lassen auf die Zukunft hoffen. Trotzdem gibt's Kriterien, auf die man achten kann:

• **Konsistenz:** Nimmt man die Zwiebeln zwischen Daumen und Zeigefinger, sollen sie auf Druck schön fest sein und nicht nachgeben. Kräftige, helle Wurzeln haben Lilien; nur gut, wenn die dachziegelförmigen Schuppen nicht herabhängen. Bei Knollen ist es schwieriger. Dunkelbraun, unregelmäßig, hart sind z. B. die der Anemone. Ein »Oben« ist nicht zu erkennen. Aber der Trieb des Windröschen findet, einmal gepflanzt, selbst den Weg nach oben.

• **Qualität:** Vertrocknete, faule oder verschimmelte Stellen sprechen gegen gute Qualität. Gleiches gilt für Zwiebeln, die sichtbar Verwundungen durch Schnitte aufweisen.

• **Herkunft:** Zwiebeln anerkannter Züchter versprechen gute Qualität und Lagerung!

• **Größe:** Größere Zwiebeln treiben oft größere Blüten.

BESTE PFLANZZEIT

Zwiebeln pflanzt man in Abhängigkeit von ihrer Blütezeit in den Boden:

• **Frühlingsblüher im Herbst:** Tulpen, Hyazinthen & Co. pflanzt man im Herbst, und zwar von September bis Ende Oktober bis zu den ersten Frösten. Sie können dann im Boden bleiben, Frost macht ihnen nichts aus. Märzenbecher und Schneeglöckchen sollten schon Ende August in die Erde. Doch aufgepasst: Oft liegen Frühlingsblüher schon im Hochsommer in den Regalen. Sie jetzt zu pflanzen, macht keinen Sinn – der Boden ist noch zu warm. Unter den ungünstigen Verhältnissen im Laden trocknen sie still vor sich hin – viel ist dann nicht mehr von ihnen zu erwarten, besonders von empfindlichen kleinen Arten!

• **Sommerblüher im Frühjahr:** Dahlie, Anemone, Schopflilie & Co. kommen zwischen März und Mai in den Boden – je frostgefährdeter sie sind und je näher an der Oberfläche sie liegen, desto später. Die ganz Empfindlichen müssen im Herbst aus dem Boden (> Seite 103).

• **Herbstblüher im Sommer:** Herbstzeitlose und Safran setzt man Ende Juli bis Mitte September, sie blühen dann im Herbst, wenn die Blütenfülle im Garten stetig abnimmt.

Wie immer gilt: Ausnahmen bestätigen die Regel, darum beachten Sie bitte die Angaben auf dem Pflanzetikett. Eine sorgfältige Behandlung der Zwiebelpflanzen zahlt sich übrigens aus. Besonders kleine und fleischige Zwiebeln reagieren empfindlich auf Trockenheit, man pflanzt sie am besten gleich ein. Knollen, z. B. Anemonen, sollte man vor dem Pflanzen ein paar Stunden ins Wasser legen, dann können sie sich »volltanken«. Zwiebeln aus dem Versand lagert man trocken und kühl, keinesfalls im Sand – da wachsen sie gleich los.

Bekanntester Zwiebel-blüher im zu Ende gehenden Jahr: die Herbstzeitlose

Ab Hochsommer im Regal – noch ist es aber zu warm, um Frühlingsblüher zu setzen.

AUF DIE TIEFE KOMMT ES AN

Schön locker soll die Erde rund um die Zwiebel sein und möglichst ohne Wurzelunkräuter. Dies alles tunlichst vor dem Pflanzen erledigen, denn Hacken mögen die Zwiebeln nicht. Außerdem muss die Pflanztiefe stimmen. Als Faustregel gilt: Die Zwiebeln zweimal so hoch mit Erde bedecken, wie sie hoch sind. Je leichter der Boden, desto tiefer kann das Pflanzloch sein. Im schweren Boden darf man es jedoch gerne etwas höher anlegen. Ist der Boden sehr schwer und feucht, können nässeempfindliche Zwiebeln auch auf einen Damm oder eine Erderhöhung gepflanzt werden. Kleiner Trost: Manche Zwiebelblüher bringen sich mit Zugwurzeln in die richtige Position, doch das dauert unter Umständen Jahre. Ausnahmen hinsichtlich der Pflanztiefe gelten vor allem für folgende Sorten:

• Bei Madonnenlilie, Amaryllis und Hakenlilie darf die Zwiebelspitze fast aus dem Boden schauen. Die Knolle des Alpenveilchens ist gern mit etwas Lauberde abgedeckt.

• Auch Dahlie und Steppenkerze werden 5–10 Zentimeter mit Erde bedeckt.

• Lilien sollte man dagegen tiefer versenken. Sie werden bis zu 30 Zentimeter in die Erde gepflanzt, da sich am Stängel noch Wurzeln ausbilden, die die Pflanze stabilisieren. So trägt sie ihre Blüten deutlich standfester zur Schau.

MITESSER ABSCHRECKEN

Klar, dass so eine Nährstoffbombe in Zwiebelform auch für hungrige Tiere interessant ist. Die »Geschmäcker« der Tiere sind übrigens regional verschieden. Man kann versuchen, Wühlmäuse auf verschiedene Art und Weise abzuhalten. Nicht immer ist man erfolgreich.

• Pflanzkörbe können die Zwiebeln schützen (> Bild rechts).

• Wo gar nichts wirkt, setzt man auf Narzissen – die schmecken den Wühlmäusen nicht. Kaiserkronen gelten zwar gleichfalls als Abwehrpflanzen, das ist allerdings leider nur ein schönes Gerücht.

Wo Wühlmäuse ihr Unwesen treiben, Tulpen am besten mit schützendem Drahtkorb pflanzen.

STEP BY STEP
ZWIEBELN IM BEET

Zwiebelblumen und Stauden – das ist ein tolles Team. Vor allem die Frühlingsblüher verschönern die Rabatte, wenn die meisten Stauden noch im Winterschlaf im Boden dösen.

Die Abstandsregel für Blumenzwiebeln (dreimal die Breite der Zwiebel) gibt den Pflanzen sehr viel Raum zum Wachsen: Tulpenzwiebeln mit 5 Zentimetern Durchmesser sollte man also in 15 Zentimeter Abstand zueinander pflanzen. Doch in der Gartengestaltung, in Gefäßen oder im Rasen ist ein Tête-à-Tête der Blütenköpfe wesentlich schöner. Scheuen Sie sich also nicht, die Zwiebeln auch mal enger zu setzen, aber halten Sie zumindest eine Zwiebelbreite Abstand. Was Sie sonst noch wissen müssen, damit der Zwiebel-Stauden-Mix gelingt:

• **Gut platziert:** Zwiebelblumen am besten nicht in den Vordergrund pflanzen, sondern gruppenweise zwischen oder hinter Stauden. Unter deren austreibenden Blättern kann später das welkende Zwiebellaub diskret verschwinden. Wer sich am gelben Laub zu sehr stört, versenkt die Zwiebelblumen in Körben im Beet. Nach der Blüte gräbt man den Korb komplett wieder aus und platziert ihn im Garten dort, wo das Laub in Ruhe vergilben kann.

• **Auf gute Partnerschaft:** Gute unmittelbare Nachbarn zu Zwiebelblumen sind über den Winter einziehende und im Frühling spät austreibende Stauden wie Funkien oder Taglilie. Diese lassen ihnen im Frühling viel Licht und Wasser. Ungeeignet sind Immergrüne, und hier gerade Bodendecker wie Waldsteinie oder Dickmännchen. Sie machen den Zwiebeln oft die Frühlingssonne streitig und verdrängen sie mit ihren Wurzeln.

• **In Stockwerken:** Als Erstes immer die größten Zwiebeln setzen, die müssen am tiefsten in den Boden. Kleinere Zwiebeln kann man dann in geringem Abstand darüber pflanzen.

• **Nicht kleckern:** Spektakuläre Einzelblüten von Lilien oder Iris kommen für sich oder in kleinen Gruppen prima zur Geltung. Bei »gängigen« Zwiebeln wie Tulpen, Narzissen, Schneeglöckchen & Co. sollte man klotzen und große Gruppen – Minimum zehn Stück – pflanzen.

Eine gute Drainage im Untergrund ist den meisten Zwiebelblumen wichtig. Um ein Faulen der Zwiebeln zu verhindern, wird bei Staunässe gern etwas grober Sand mit ins Pflanzloch gegeben. Zum »Versenken« kann man einen Blumenzwiebelpflanzer (links im Bild) mit Höhenskala für die richtige Pflanztiefe verwenden – das geht schneller und schont die Bodenstruktur.

1

2

Stecken Sie den Pflanzer in den Boden und ziehen Sie den mit Erde gefüllten Trichter wieder heraus. Das so entstandene Loch soll je nach Boden zwei- bis dreimal so tief sein, wie die Zwiebel hoch ist.

3

Stecken Sie die Blumenzwiebel mit der Spitze nach oben ins Pflanzloch. Vorher bei Bedarf eine mehrere Zentimeter dicke Sandschicht zur Drainage einfüllen. Stehendes Wasser kann so besser versickern.

4

Drücken Sie jetzt auf den Knopf am Griff des Blumenzwiebelpflanzers: Die ausgehobene Erde fällt ins Loch zurück. Gut festdrücken. Wässern ist nur bei großer Trockenheit notwendig. Kommt überraschend Frost, dann die noch nicht eingewurzelten Zwiebeln mit Reisig abdecken.

STEP BY STEP
ZWIEBELN ZUM VERWILDERN

*Für faule Gärtner ist das ein Traum: Man bringt Blumenzwiebeln
im Rasen oder unter Baum und Strauch aus, genießt jedes
Jahr die Blütenpracht und muss sich sonst um nichts kümmern.*

Inwieweit sich die jeweiligen Zwiebelblumen fürs Verwildern eignen, ist auf der Packung angegeben, vor allem viele Frühlingsblüher finden sich darunter. Probieren Sie es auf jeden Fall mit Elfenkrokussen, Schneeglanz, Traubenhyazinthen, Blaustern und Schneeglöckchen. Grundsätzlich breiten sich insbesondere botanische Arten an geeigneten Standorten willig aus. Dabei handelt es sich um kaum veränderte Wildformen. Hier noch ein paar Tipps:

• **Standort:** Egal ob auf der Wiese, unter Gehölzen oder in einer Dauerstaudenpflanzung mit Funkien – Wasserstau darf höchstens kurzfristig auftreten, sonst verfaulen die Zwiebeln.

• **Bunt gemischt:** Für einen natürlichen, zufälligen Look mischt man farblich aufeinander abgestimmte Sorten. Dabei legt man vorher fest, wie viele Zwiebeln der einzelnen Sorten verwendet werden sollen. Die Mischung verteilt man dann nach dem Zufallsprinzip über die Pflanzfläche. Wo die Zwiebeln hinkullern, werden sie im Boden versenkt. Sehr kleine Exemplare nicht auslegen, sondern gleich pflanzen – manch eine könnte übersehen werden!

• **Zeit zum Kräftesammeln:** Nach der Blüte brauchen die Pflanzen Zeit, um Nährstoffe in die Blumenzwiebeln einzulagern. Das schaffen sie nur, wenn sie mithilfe ihrer Blätter Speicherstoffe produzieren können. Darum darf man das Laub erst dann abschneiden oder mähen, wenn es vergilbt ist. Für Zierrasenfans ein wenig attraktiver Gedanke. Wer nicht so lange warten will, pflanzt Blumeninseln, die man beim Mähen einfach aussparen kann.

• **Gut genährt:** Bei Pflanzung in einem normalen Gartenboden brauchen kleine Zwiebelblüher in der Regel keine zusätzliche Düngung, allenfalls eine kleine Kompostgabe im Frühjahr.

• **Bitte nicht stören:** Verwilderte Blumenzwiebeln möchten in Ruhe gelassen werden. Also bitte nicht hacken, nicht graben. Einfach alles lassen, wie es ist.

Wählen Sie eine Stelle aus, an der Sie aufs Rasenmähen im Frühjahr eine Weile verzichten können. Die Zwiebeln sind nämlich auf ihre Blätter angewiesen, um ihre Nährstoffspeicher fürs nächste Jahr wieder aufzufüllen. Wählen Sie Blumenzwiebeln aus, die sich zum Verwildern eignen. Am passenden Platz die Grassode mit dem Spaten abstechen und hochheben.

1

2

Erde in zwei- bis dreifacher Zwiebelhöhe ausheben. Boden evtl. mit grobem Sand durchlässiger machen. Zwiebeln – bei Bedarf mit Pflanzkorb – in die Grube setzen.

3

Blumenzwiebeln wieder mit dem Erdaushub bedecken. Bei verdichtetem Boden vorher etwas Kompost oder Sand untermischen.

4

Abschließend die Rasensode zurück über die Zwiebelblumen klappen, die Ränder vorsichtig mit dem Fuß antreten. Bei Trockenheit abschließend durchdringend wässern – die tieferen Bodenschichten müssen dadurch erreicht werden. Tipp: Wer am Rasenrand oder in Gruppen pflanzt, kann einfacher drum herum mähen.

PFLEGE ÜBERS JAHR

Gießen Sie die im Frühjahr blühenden Blumenzwiebeln unmittelbar nach dem Pflanzen. So werden sie dazu angespornt, Wurzeln zu bilden. Je früher dies geschieht, umso beständiger ist die Blumenzwiebel gegen Kälte und Frost. Blumenzwiebeln in Töpfen benötigen in der Periode nach dem Pflanzen ebenfalls Wasser, da die Erde in Töpfen schneller austrocknet. Sommerblüher brauchen direkt nach dem Pflanzen besonders viel Wasser. Halten Sie die Erde im Garten oder in den Töpfen beziehungsweise Blumenkästen nach dem Pflanzen feucht, aber nie zu nass.

Großblumigen und hohen Zwiebelblumen kann man mit einer **Stütze** zum aufrechten Stand verhelfen. Besonders Lilien und Dahlien sind in windigen Regionen oft darauf angewiesen. Beim Einstecken bitte die Wurzelstöcke nicht verletzen!

Gerade großblumige Sorten sollte man regelmäßig **ausputzen**, also Verwelktes abschneiden. So verhindert man die Ausbildung von Samenständen, alle Kraft wird in die Stärkung der Wurzel investiert. Bei den »kleinen Wilden« wie Schneeglöckchen, Winterlingen und Krokussen ist das nicht notwendig.

Besonders Dahlien haben **Schnecken** zum Fressen gern! Da hilft nur Absammeln oder die Knollen in Töpfe pflanzen und so im Beet versenken. An den Rand kann man ein Kupferband kleben, das die Schleimer ungern überkriechen. Dahlien und Gladiolen, die frostfrei überwintert haben, können in Töpfen angetrieben und ab Mitte Mai ausgepflanzt werden. So wachsen sie geschützt vor Schnecken aus der Anfangsphase heraus. Die größeren Pflanzen halten den Fressattacken besser stand.

Verblühte Tulpenblüte zurückschneiden. Die Pflanze steckt sonst unnötige Energie in die Samenbildung.

Düngen

Sollen die Zwiebelblumen nachhaltig blühen, müssen sie ihre Speicher wieder auffüllen können. Bestenfalls bekommen sie die Nährstoffe direkt vor der Blüte.

• Besonders viel Nahrung brauchen Vertreter mit großen Blüten wie Dahlien, die müssen ja auch einiges an Pflanzenmasse aufbauen. Am besten, man versorgt sie, sobald sich die ersten Spitzen zeigen, mit organischem Dünger. Besonders Hungrige kann man dann während der Blüte zusätzlich mit flüssigem Blumendünger versorgen.

• Pflanzen im Steingarten sind genügsam und schätzen eher magere Böden. Sie sind im Frühling mit etwa 3 Liter Kompost pro Quadratmeter vollauf zufrieden.

• Wenig Nahrung brauchen die »kleinen Wilden«, die unter Gehölzen wachsen. Sie werden vom herabfallenden Laub, das sich langsam zersetzt, mit Nährstoffen versorgt. Bei Schneeglöckchen kann Dünger sogar kontraproduktiv sein; der lässt nur die Blätter ins Kraut schießen, nicht die Blüten.

Eingewintert

Frostempfindliche Zwiebelblumen hebt man im Herbst mit der Grabegabel aus dem Beet. Blatt und Stängel sollten zu diesem Zeitpunkt bereits abgestorben sein. Oberirdische Teile schneidet man eine Handbreit über dem Boden ab. Wenn etwas Erde an den Speicherorganen dranbleibt, ist das sogar günstig für eine erfolgreiche Überwinterung. Zum Abtrocknen kann man sie noch einige Tage schattig und luftig ruhen lassen.

Versehen Sie die Zwiebeln und Knollen unbedingt mit einem Bändchen in der Farbe der Blüte oder mit einem Etikett, damit Sie die Pflanze im nächsten Jahr wieder zuordnen können. Lagern Sie dann die Zwiebeln über den Winter am besten in Zeitungspapier verpackt in einer Holzkiste oder einem Pappkarton in einem frostfreien, dunklen Raum. Das Zeitungspapier fungiert dabei wie eine Klimaanlage: Es schützt vor Frost und Austrocknung, saugt aber auch zu viel Feuchtigkeit auf.

TIPP: Etwas Winterschutz in Form von trockenem Laub und Reisig brauchen Japan-Orchideen, Hakenlilie und Montbretien. Im Frühling zeitig beiseiteräumen, damit sich die Triebe entfalten können!

Sind die Dahlienblätter verwelkt, nimmt man die Knollen aus dem Boden. Am besten vor dem Einlagern etikettieren, sonst gibt's Sorten- und Farbwirrwarr.

KLETTERER PFLANZEN

GESTATTEN: ICH WILL HOCH HINAUS!

Ans Licht – dieses Ziel haben alle Pflanzen, denn nur so können sie wachsen. Die Kletterpflanzen sind Opportunisten: Alleine probieren sie es gleich gar nicht. Sie verlassen sich auf die Unterstützung von Bäumen, Felsen, Mauern, Zäunen und Kletterhilfen.

Als Begrünung für Zaun oder Obelisk unschlagbar: Prunkwinde und Duftwicke

Einmal pflanzen oder jedes Jahr neu? Diese Frage stellt sich prinzipiell bei Kletterpflanzen, denn mehrjährige Gehölze und Stauden sind genauso unter ihnen zu finden wie Einjährige. In puncto Blütenpracht haben eindeutig die Einjährigen die Nase vorn – Feuerbohne, Kapuzinerkresse oder Glockenrebe sind die bunten Paradepferde. Robust und winterhart sind Efeu, Pfeifenwinde, aber auch Wilder Wein, der sich im Herbst wundervoll verfärbt. Individualität ist Trumpf, was Standort, Pflanzzeitpunkt, Boden und Schnitt angeht. Jede Pflanze hat andere Vorstellungen. Für Sie bedeutet das: große Auswahl, aber auch die Notwendigkeit zur Recherche, um die richtige Pflanze zu wählen!

VIELSEITIG VERWENDBAR

Es gibt viele gute Gründe, Kletterpflanzen zu setzen:
• **Fassadenverkleidung:** Beginnen wir mit der ureigensten Domäne der Kletterpflanzen! Besonders gefragt sind sie in grauen Hinterhöfen mit hohen

Immergrüner Efeu braucht Gerüste, an denen die Haftwurzeln Halt finden. Apart sind auch zweifarbige Varianten.

Gestatten: Ich will hoch hinaus!

Die schlingende Rostrote Weinrebe (links) zeigt später auch im Halbschatten eine schöne Herbstfärbung. Der Blauregen (rechts) zeichnet sich durch unbändigen Ausbreitungswillen aus.

Mauern, wo sie bei kleinster Standfläche wunderbare grüne Oasen schaffen. Neben klassischen Holzrankgittern haben sich an Hauswänden Drahtseilsysteme bewährt, die zu jedem Baustil passen. Ungeeignet sind sie bei Verkleidungen und Dämmungen. Nehmen Sie Seilsysteme von namhaften Herstellern, die garantieren eine lange Haltbarkeit.

• **Schmale Hecken:** In kleinen Gärten haben Efeu & Co. als immergrüner Sichtschutz Karriere gemacht. Als Klettergerüst reicht meist ein Drahtgitter. Für Eilige gibt's Fertigelemente im Handel.

• **Rankgerüste:** Egal ob Pergola, Pavillon, Laube, Holz- oder Maschendrahtzaun – filigranen wie robusten Strukturen verleihen Kletterpflanzen eine freundliche grüne oder bunte Komponente.

• **Turbo-Grün:** Hierfür sorgen einjährige Kletterpflanzen auf Terrasse und Balkon, aber auch an der Grundstücksgrenze. Bunter Sichtschutz genau dann, wenn man ihn braucht – im Sommer eben. Drei Meter hohe Wände »errichtet« die Feuerbohne und die Glockenrebe, Schwarzäugige Susanne und Kapuzinerkresse stehen ihnen wenig nach. Übrigens: Turbo-Grün lässt sich auch im Topf bestens kultivieren (> Seite 134).

• **Zum Vernaschen:** Obstarten wie Brombeeren, Himbeeren, Kiwi, aber auch Apfel, Aprikose, Pfirsich und viele andere kann man an einem Spalier wachsen lassen. Achtung bei getrenntgeschlechtlichen Kiwis! Damit sie fruchten, benötigen weibliche Kiwis eine männliche Pflanze in der Nähe. Auch bei sogenannten »Selbstfruchtern« tragen die Pflanzen mit Bestäuber besser.

Sichtschutz und Früchte – Kiwis bevorzugen waagerechte Haltedrähte.

NACH OBEN – ABER WIE?

In der Natur suchen Kletterpflanzen vor allem Halt an Bäumen. Nur Vertreter mit Haftorganen kommen – ähnlich wie das Chamäleon – ganz ohne Kletterhilfe aus. Kletterpflanzen haben zum Thema »nach oben« aber noch viele andere Ideen. Wer sie gezielt einsetzen will, bietet ihnen eine Kletterhilfe, die ihnen gefällt und ihrem Wachstum optimal entgegenkommt.

Kernobst (hier Apfelbäume) und Beerensträucher lassen sich per Gerüst in die gewünschte Richtung leiten.

Schlinger

Immer im Kreis winden sich die Schlingpflanzen mit ihrem Haupttrieb nach oben. Einjährige wie Prunk- oder Sternwinden schaffen 3–4 Meter, der mehrjährige Hopfen erreicht 10 Meter Höhe. Und dann gibt's noch verholzende Arten wie etwa den Blauregen und den Schlingknöterich, die mit links 10–20 Meter erklimmen.

• Schlinger wollen Kletterhilfen, die senkrecht hinaufführen. Gut eignen sich Seile oder raue Holzlatten, die man mit Haken an der Wand befestigt. Ist das Material zu glatt, rutschen die Triebe ab.

• Bei starkwüchsigen Arten reicht ein Trieb pro Spanndraht! Sonst drehen sie sich gegenseitig die Luft ab.

• Die Dicke des Seils richtet sich nach der Stärke der Triebe, zwischen 5 und 50 Millimeter sind praktisch.

• Der Abstand von der Wand richtet sich nach der Dicke der Triebe, bei Blauregen muss man etwa 20 Zentimeter einrechnen.

• Querverstrebungen brauchen die Schlinger nicht, allerdings ist das Gerüst dadurch stabiler und weniger anfällig gegen Wind.

• Bei den Schlingern gibt's Rechts- und Linksdreher. Darauf sollten Sie achten, wenn Sie anfangen, die Triebe um die Kletterhilfe zu wickeln. Zu den Rechtsdrehern zählen z. B. Winden, Blauregen und Geißblatt, zu den Linksdrehern der Hopfen.

Ranker

Mit Sprossranken halten sich Weinreben, die Jungfernrebe, aber auch Einjährige wie Duftwicke oder Schönranke fest. Bei den Clematis winden sich die Blattstiele um die Stütze.

• Ein Gitter lässt den Rankern den größten Freiraum, sich auszubreiten. Gut ist eine Weite von 10–20 Zentimetern, für die Dicke der Elemente sind 5–20 Millimeter angemessen. Als Wandabstand reichen etwa 10 Zentimeter aus – dann ist auch die Rückseite gut belüftet.

• Mit vertikalen Konstruktionen kann man die Ranker in jede gewünschte Breite ziehen.

• Blattstielranker brauchen dünne und feingliedrige Rankhilfen. Sie wachsen am liebsten in Maschendraht, an Seilen oder in Ranknetzen. Zu den typischen Blattrankern zählen die Clematis-Sorten.

Selbstklimmer

Bei Efeu, Kletterhortensie und Kletterspindelstrauch bilden sich entlang der Triebe kleine Haftwurzeln. Während Efeu mit Vorsicht zu genießen ist, hat man von den beiden anderen keinen Schaden zu erwarten. Der Wilde Wein rankt sich dank seiner Haftscheiben auf fast jeder Oberfläche in die Höhe. Auch einige Sorten der Klettertrompete schaffen es eigenständig nach oben. Grandiflora braucht jedoch ein Spalier.

Spreizklimmer

Die »schwächste Form«, sich festzuhalten: Kletterrosen, Feuerdorn, Brombeeren und die Kübelpflanze Bougainvillea verhaken sich mit Dornen, Stacheln oder Seitentrieben in der Unterlage. Damit sie Halt finden, muss man sie festbinden und eine stabile Unterlage schaffen.

TIPP: Je größer die Pflanze, desto besser muss das Gerüst an der Mauer oder im Boden verankert sein, oft auch mit einem Betonsockel. Nicht nur die Blätter, auch Schnee oder Regen lasten darauf.

Mit seinen sparrigen Dornen hält sich der Feuerdorn an der Unterlage fest. Er verträgt viel Hitze, Gartenvögel schätzen die bunten Früchte.

DAMIT ALLES KLAPPT

Beim Einkauf bitte genau hinschauen. Auswahlkriterien sind ein feuchter Ballen, gute Verzweigung und vor allem keine Verletzungen. Besonders bei Clematis-Sorten knicken leicht Triebe ab. Bei der Heimfahrt die Kletterpflanzen bitte wie ein rohes Ei behandeln!

Standort

Ob Blütenpracht in praller Sonne oder attraktiver Blickfang in lichtarmen Ecken – damit die Multitalente ihre Wirkung voll entfalten können, muss der Standort passend gewählt sein:

Dekoratives Laub und feuerrote Blüten: Die schlingende Feuerbohne ist idealer Sichtschutz für sonnige bis halbschattige sowie windgeschützte Standorte.

• Wer möglichst viele Blüten will, muss vor allem einjährigen Kletterpflanzen, die ursprünglich aus dem Süden stammen, viel Sonne bieten.

• Immergrüne Kletterer wie Efeu oder Kletterhortensie mögen's lieber halbschattig oder schattig. Damit gehen sie hohen Temperaturen, beispielsweise an Südwänden, aus dem Weg. Auch im Winter hat der sonnenabgewandte Standort Vorteile: So sind sie extremen Temperaturgegensätzen zwischen sonnigen Tagen und frostigen Nächten weniger ausgesetzt. Der Frosttrocknis, also dem Vertrocknen bei gefrorenem Boden, gehen sie ebenso erfolgreich aus dem Weg.

• Viele Klettermaxe wie Clematis sind ursprünglich in Wäldern zu Hause. Dementsprechend legen sie Wert auf eine beschattete Wurzel – »warmer Kopf und kühler Fuß« nennt man diese Kombination. Kühlen Sie die Erde um die Waldkinder mit einer dicken Mulchschicht. Expansionsfreudige Stauden wie Frauenmantel oder Storchschnabel, die den Kletterpflanzen Wasser und Nährstoffe streitig machen, sind weniger gefragt.

TIPP: Augen- und Gaumenschmaus – Melonen, Gurken, Feuerbohnen und Erbsen gehören gleichfalls zu den Kletterpflanzen. Sie liefern nicht nur leckere Früchte, sondern sehen auch hübsch aus und sorgen für Sichtschutz. Einfach mal ausprobieren!

Pflanzzeit

Kletterpflanzen als Containerware können grundsätzlich ganzjährig gepflanzt werden. Die optimalen Zeiten variieren je nach Art – das muss man jeweils abchecken.

• Winterharte Arten kann man im Frühling oder im Herbst pflanzen. Beerenobst kommt am besten im Herbst in den Boden, weil es zeitig blüht und im kommenden Jahr bereits erste Früchte tragen kann. So lässt der süße Ernteerfolg nicht allzu lange auf sich warten.

• Viele Einjährige dürfen erst ab Mitte Mai ausgesät werden, denn die zarten, empfindlichen Keimlinge vertragen keinen Frost. Bis zum Herbst bleibt wenig Zeit zum Wachsen, vor allem wenn ein effektiver Sichtschutz gewünscht ist. Vorgezogene Jung-pflanzen aus dem Gartencenter sind eine Möglichkeit, sich einen Vorsprung zu verschaffen – die Artenauswahl ist aber begrenzt. Da hilft nur eines: die Pflanzen selbst heranziehen(> Seite 115)!

Gut gepflanzt

So verschaffen Sie den Multitalenten im Garten einen guten Start:

• **Freiraum:** Der Kletterer will sich entfalten. Frei stehend ist das kein Problem, unmittelbar an der Kletterhilfe ist der passende Platz. Soll die Kletterpflanze an einem Mauerfuß, vielleicht gar unter einem überstehenden Dach ihren Platz finden, muss man aufpassen, dass sie nicht im Regenschatten steht. 40 Zentimeter Abstand zur Wand sollte man mindestens lassen.

Erbsen schlingen sich um jede Stütze, die sich ihnen bietet: Werden sie gut gewässert, bildet sich reichlich grünes Laub.

• **Wurzelraum:** Kletterpflanzen haben oft mit prekären Verhältnissen zu kämpfen. Unmittel-bar am Haus kann Bauschutt im Boden Probleme machen. Wollen sich Kletterer an einen Baum anlehnen, leben sie mit dessen Wurzeln in Konkurrenz. Deshalb muss das Pflanzloch ausreichend groß sein, und damit mindestens so tief wie der Wurzelballen und doppelt so breit. Bei Bodenverdichtung im Untergrund muss noch tiefer gelockert und bei Bedarf eine Drainageschicht aus Kies oder Splitt eingebracht werden, auf die man die Pflanze setzt.

• **Das richtige Substrat:** Für eine gute Versorgung mit Nährstoffen mischen Sie den Aushub am besten mit reichlich Sand und Kompost, halb zersetztem Laub oder normaler Pflanzerde. Ist der Mutterboden schlecht, tauscht man diesen komplett aus.

• **Gut gestützt:** Ein Stab muss die Pflanze in Richtung Kletterhilfe leiten. Oft ist dieser bereits im Topf integriert. Er wird dann einfach in die richtige Richtung gelenkt. Und damit das so bleibt, verbindet ihn ein Stück Draht mit dem Rankgerüst.

STEP BY STEP
CLEMATIS PFLANZEN

Ein Liebling aller Gärtner sind die Waldreben, auch als Clematis bekannt. Ihre mehr als 300 Arten lassen hinsichtlich Blütenfarbe, -größe und Wüchsigkeit keine Wünsche offen.

Bester Pflanzzeitpunkt ist der Spätsommer. Halbschatten kommt bei ihnen an – am liebsten haben sie durch Äste gefiltertes Sonnenlicht. Besonders die sommerblühenden Arten haben gern den Kopf in der Sonne, wollen aber nicht der Mittagssonne ausgesetzt sein. Gefragt sind humoser, nährstoffreicher Boden, ausreichend Feuchtigkeit und keine Staunässe. Damit Ihre Clematis optimale Anwachsbedingungen vorfindet, können Sie Folgendes tun:

• Gekaufte Clematis – auch aus dem Versand – sind oft nicht gut verwurzelt. Manchmal ist es besser, sie noch vier bis acht Wochen im Topf zu belassen und sie erst dann auszupflanzen.

• Sorgen Sie dafür, dass die Clematis tief in den Boden wachsen kann. Schwere Lehmböden sollten Sie mit Sand oder Kies durchlässiger gestalten. Graben Sie ein sehr tiefes Pflanzloch und legen Sie mit einer groben Schotterschicht eine Drainageschicht an. Sandböden sind besser geeignet, haben aber den Nachteil, dass Wasser und Nährstoffe nicht lange gespeichert werden können – mischen Sie diese mit Pflanzerde und humosem Boden.

• Clematis brauchen einen »schattigen Fuß« – pflanzen Sie Kleingehölze oder buschige Stauden vor Ihre Waldrebe, bringen Sie großzügig Pinienrinde als Mulchmaterial auf oder beschatten Sie den Wurzelbereich mit dekorativem Material (Dachschindel, Natursteine).

• Vor dem Pflanzen stellt man den Topf für ca. zehn Minuten in ein Wasserbad.

• Das Pflanzloch sollte ca. doppelt so groß sein wie der Pflanztopf. Den Grund gut lockern!

• Bei starker Wurzelkonkurrenz empfiehlt sich der Einbau einer Wurzelsperre. Dafür kann ein alter Blumentopf oder Eimer (mindestens 25–30 Zentimeter Durchmesser) verwendet werden. Entfernen Sie den Boden des Gefäßes und schneiden Sie den Ring an einer Seite auf. So erhalten Sie einen runden Plastikstreifen, der Ihrer Clematis genug Schutz bieten sollte.

Das Pflanzloch ausheben und die Clematis währenddessen für einige Zeit in einen Eimer mit Wasser stellen. Das Loch muss so tief sein, dass ein bis zwei Knospenpaare unter der Erde liegen. Mit Drainagematerial wie Splitt nicht sparen, es kann bis zu einem Drittel des Substrats ausmachen. Ein Vlies über der Drainageschicht verhindert, dass diese im Lauf der Zeit verschlämmt wird.

1

2

Die empfindlichen Triebe wie rohe Eier behandeln, sie brechen nur allzu leicht! Zum Austopfen den Ballen vorsichtig aus dem Gefäß drücken oder den Topf aufschneiden. Im Pflanzloch die Wurzeln lockern und ausbreiten.

3

Die Anbindung der Clematis nur im unteren Bereich entfernen, damit die Triebe in die Dicke wachsen können. Stützstäbe nicht herausziehen. Clematis zur Kletterhilfe hin neigen und die gut mit verrottetem Kompost angereicherte Erde einfüllen.

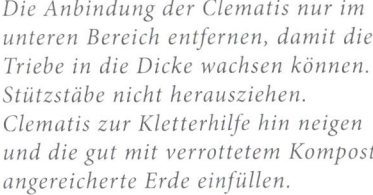

Die Erde gut andrücken und um das Pflanzloch herum einen Gießrand formen. Die Clematis reichlich angießen. Bitte auch in Zukunft immer nur den Boden, nicht die Blätter und Triebe befeuchten. Die Triebe vorsichtig zum Klettergerüst hinleiten und eventuell dort befestigen.

PFLEGE ÜBERS JAHR

Wüchsige Kletterpflanzen verbrauchen viel **Wasser**, schließlich muss eine Menge Blattmasse versorgt werden. Hier ist wasserspeichernde Erde besonders wichtig. Vor allem in der Sonne muss man Einjährige regelmäßig gießen, genauso bei starken, austrocknenden Winden.

Hinsichtlich der **Nährstoffversorgung** will jedes Gewächs anders bedient werden. Grundsätzlich haben sich aber für alle Arten Langzeitdünger auf organischer Basis bewährt, oft reicht auch eine regelmäßige Kompostgabe. Clematis reagiert positiv auf Blühpflanzendünger und Hornspäne. Einjährige brauchen viel Nahrung. Bei diesen frohwüchsigen Arten sind organische Düngergaben alle 2–4 Wochen nicht verkehrt.

Soll die Pflanze in eine bestimmte Richtung wachsen, dann bitte immer wieder **richtungsweisend** eingreifen. Je nach Art kann es notwendig sein, neue Triebe an der Kletterhilfe zu befestigen.

Neue Blüten kommen besser nach, wenn Altes und Verdorrtes regelmäßig **ausgeputzt** wird. Auch die sich bildenden Samenkapseln gilt es zu entfernen, damit die Pflanze munter weiterblüht. Wer's gerne üppiger mag, schneidet die Triebspitzen ab, damit sich Verzweigungen bilden – man nennt das »entspitzen«.

Setzen Sie dem Blauregen Grenzen, ehe er Ihnen aufs Dach steigt, Ziegel abhebt und Dachrinnen verstopft.

Der Rückschnitt

Für den Rückschnitt gilt: jede nach Bedarf. Dabei können die Ansprüche in weiten Grenzen variieren. Schon bei der Clematis gibt es mindestens drei verschiedene Schnittgruppen, die individuell behandelt werden wollen. Da hilft nur, sich bei jeder einzelnen Pflanze zu erkundigen, wie man sie behandeln muss.

• Vor allem bei stark wuchernden Pflanzen wie Geißblatt oder Blauregen muss man beim Regulieren erbarmungslos sein, sonst wachsen sie einem über Kopf und Kletterhilfe.

• Dachrinnen und Dachziegel sind tabu für Kletterpflanzen. Auch da heißt es kräftig zurückschneiden, damit sie keinen Schaden anrichten! Gerade starke Schlinger wie Schlingknöterich oder Blauregen können Regenfallrohre eindrücken, Dachrinnen verstopfen oder Dachziegel anheben. Efeu macht sich auch gerne an Holzfenstern und Dachtraufen zu schaffen.

Ernten fürs nächste Jahr

Prinzipiell würden viele Einjährige den Winter überleben, sofern man sie frostfrei unterbringen kann. Dafür fehlt aber oft der passende Platz, außerdem müsste die Pflanze stark zurückgeschnitten werden. Neuanzucht ist da meist die bessere Alternative! Wer will, bewahrt die Samen an einem dunklen, trockenen Platz auf und steckt sie im nächsten Jahr ungefähr ab Anfang März in einen Topf, der mit Blumenerde gefüllt ist. Etwa fünf bis sechs Samenkörner haben in einem Topf mit 12 Zentimeter Durchmesser Platz. Gleich nach dem Keimen geben Bambusstäbe die Wuchsrichtung vor. Kletterer müssen immer wieder aufgebunden werden, denn ihre Triebe verheddern sich leicht ineinander.

TIPP: Besonderen Respekt haben viele Gärtner vor Klettermaxen wie Efeu oder Wildem Wein, die sich ohne Klettergerüst an der glatten Mauer nach oben schieben. Die Sorge ist unbegründet: Intakter Putz wird von den Haftwurzeln nicht angegriffen.

Samen der Kapuzinerkresse erntet man, wenn sie sich leicht lösen lassen. Vor dem Aufbewahren gut trocknen lassen!

Die Gold-Geißschlinge ist eine starkwüchsige Kletterpflanze für Sonne und Halbschatten, deren Wachstum man gut im Auge behalten muss.

KURZ-LEBIGE ANSÄEN

GESTATTEN: ICH BIN KURZLEBIG

Lückenfüller: Dieser Begriff kann im Garten eine Auszeichnung sein. Man meint damit vor allem (Sommer-)Blumen, die ein Blühfeuerwerk veranstalten und dann vergehen. Kurzlebig sind auch einige Kräuter, Gräser und Kletterpflanzen.

Sonnenblumen füllen Lücken zwischen Mädchenauge und Eisenkraut.

Eine mindestens ebenso große Anziehungskraft wie die Pflanzen selbst üben im Gartencenter die bunten Samentütchen aus. Sie verheißen farbige Rabatten, vielfältige und artenreiche Blumenwiesen und duftende Kräuter. Eines ist klar: Der Preisvorteil gegenüber gekauften Jungpflanzen ist erheblich, wenn man selbst anzieht oder aussät. Außerdem ist die Sortenauswahl um einiges größer, als wenn man Jungpflanzen kauft. Last but not least: Es macht enorm Spaß, Pflanzen selbst heranzuziehen. Einfach schön, wenn man entdeckt, was jetzt wieder an jungen Trieben aus der Erde spitzt. Das macht gute Laune für den ganzen Tag.

EINE BUNTE TRUPPE

Im Laufe des Frühlings oder Sommers zeichnen sich immer irgendwelche Lücken im Staudenbeet, entlang des Zauns, an der Terrasse oder am Sitzplatz, entlang eines Wegs, rund um Baumscheiben, auf der Krone von Trockenmauern oder an einem Beetrand ab.

Säen sich auch selbst aus: pastelliger Fingerhut, blaue Akelei und roter Mohn

Anzucht kinderleicht: Kosmeen-Samen einfach ab Mai in der Sonne ausbringen (links). Tagetes sind – leider bei Schnecken beliebte – hübsche Einfassungspflanzen (rechts).

Dann sind Kurzlebige die Pflanzen der Wahl. Grundsätzlich unterscheidet man zwei »Typen«:

• **Winterannuell** nennt man Pflanzen, die im Herbst keimen, als kleine Blattrosette überwintern, im nächsten Jahr blühen und nach der Samenbildung absterben. Meist brauchen sie eine Kaltperiode zum Austreiben. Wenn's im Herbst nicht klappt, wartet der Samen im Boden einfach das Frühjahr ab und keimt dann. »Zweijährige« hat man sie früher auch genannt! Typische Vertreter sind Kornblume, Mariendistel, Bartnelken, Vergissmeinnicht und Goldlack.

• **Sommerannuell** sind Arten, die im Jahr der Aussaat blühen, Samen produzieren und dann absterben. Den Winter überstehen sie als Samen. Einige Sommerannuelle wie Tagetes oder Schmuckkörbchen stammen aus warmen Regionen, deshalb kann man sie erst relativ spät im Jahr aussäen.

WÄRME MACHT DEN UNTERSCHIED

Beim Säen unterscheidet man zwei Vorgehensweisen:

• Die Samen wenig kälteempfindlicher Arten wie Ringelblumen, Astern und Schleierkraut kann man direkt ins Beet säen.

• Wärmeliebhaber müssen im Haus an einem warmen Platz vorgezogen worden. Die Jungpflanzen wandern dann nach den letzten Frösten nach draußen ins Beet.

Wie Direktaussaat und Voranzucht funktionieren, erfahren Sie auf den folgenden Seiten. Welche Methode die passende ist – dazu finden Sie Hinweise auf der Rückseite der Samenpackung.

Mischung mit Kräutern: weiße Kosmeen, orange Ringelblumen

STEP BY STEP
DIREKTAUSSAAT

*Direkt an Ort und Stelle aussäen lassen sich früh im Jahr
Sommerblumen, die auch bei niedrigen Temperaturen gut keimen.
Wer es schön bunt mag, verwendet fertige Saatmischungen.*

Für eine gute Entwicklung brauchen die direkt ausgesäten Samen einen Sonnenplatz sowie unkraut- und steinfreien, einigermaßen nährstoffhaltigen Boden. Ausgebracht wird die Saat entweder in Reihen, kleinen Tuffs oder mit Schwung »breitwürfig«. Doch Vorsicht, dass nicht alle Samen auf einmal aus dem Tütchen fallen, sonst wird es den Blütenpflanzen im Saatbett schnell zu eng. Leichter tut man sich mit Saatteppichen oder -bändern, auf denen die Samen im passenden Abstand aufgebracht sind. Auch Kräuter und Gemüsearten wie Möhren und Radieschen werden so ausgesät. Einfach ausprobieren! Weitere Tipps und Tricks:

• Um den Blumen einen Vorsprung vor unerwünschten Kräutern zu verschaffen, legt man eine Lage Packpapier auf die Fläche. Darauf verteilt man unkrautfreie Gartenerde etwa 2–3 Zentimeter dick. Samen ausbringen, wie rechts beschrieben. Erde und Papier gut durchfeuchten! Das Packpapier löst sich bald auf und schmeckt obendrein den Regenwürmern.

• Auf der Saatgutpackung finden sich Angaben über die Keimfähigkeit der Samen. Auch wenn der Zeitraum bereits überschritten ist, sind die Samen noch lange nicht »taub«. Um die Keimfähigkeit zu prüfen, sät man abgezählte Samenkörner auf feuchtem Küchenkrepp aus. Keimt zumindest die Hälfte, so kann man das Saatgut noch verwenden, sät aber dichter aus.

• Die Erdschicht, die den Samen bedeckt, soll so dick sein wie die Samenbreite. Ausnahme sind Lichtkeimer wie z. B. viele Wildpflanzen, Akelei, Löwenmäulchen und Basilikum: Sie wollen der Erde nur aufliegen oder allenfalls leicht bedeckt sein. Den richtigen Zeitpunkt für die Aussaat wählt man frei nach der Bauernregel: »Zu frühes Säen ist selten gut, zu spät säen tut gar nicht gut!« Das Wetter – oder die Schnecken (> Seite 124) – können einem immer einen Strich durch die Rechnung machen. Und dann fängt man wieder von vorne an.

Winzig klein und federleicht sind viele annuelle Blumen- und Kräutersamen.
Ganz schön schwierig, die Samen dünn und vor allem gleichmäßig auf der Erde
im Beet oder im Blumenkasten zu verteilen! Alternativ kann man einen Saatteppich verwenden. Um diesen auslegen zu können, füllt man einen Balkonkasten zu etwa drei Viertel seiner Höhe mit einem guten Substrat.

1

2

Saatteppich, bei dem
das Saatgut zwischen
zwei Papierlagen
eingebettet ist, auf
die passende Größe
zurechtschneiden und
auf die Erde legen,
leicht andrücken.

3

Ganz wichtig: Bereits jetzt das Vlies
durchdringend anfeuchten. Im
Balkonkasten geht das am besten mit
einer Ballbrause oder einem Sprüher.
Im Beet kann man ohne Weiteres die
Gießkanne benutzen.

4

Den Saatteppich leicht mit feiner Erde
bedecken oder übersieben. Wie hoch, das ist
auf der Rückseite der Samenpackung
vermerkt. Erde noch einmal leicht andrücken. In der Folgezeit darauf achten, dass
die Erde stetig feucht bleibt, damit der
Keimungsprozess nicht unterbrochen wird.

121

STEP BY STEP
VORANZUCHT

Den berühmten Schritt voraus sind Sie, wenn Sie wärme-
bedürftige Sommerblumen im Haus vorziehen. Mitte Mai setzt
man dann gleich wuchskräftige Jungpflanzen ins Beet.

Bei wärmeliebenden Arten wie Sonnenblumen und Kosmeen, aber auch Blattschmuckpflanzen wie der Süßkartoffel geht vor Mitte Mai draußen gar nichts. Zu groß ist die Gefahr, dass sie bei einem späten Kälteeinbruch erfrieren. Deshalb beginnt man mit der Voranzucht von einjährigen Sommerblumen, Kletterpflanzen, Gräsern und Kräutern bereits im Februar oder März auf der hellen Fensterbank oder im Gewächshaus. Auf den ersten Blick ist die Rechnung einfach: Je früher man beginnt, desto größer sind die Pflanzen, wenn sie ins Freie kommen. Und umso früher kann man dann Blüten erwarten. Kehrseite der Medaille: Die großen Pflanzen nehmen eine Menge Platz weg auf dem Fensterbrett. Denn spätestens wenn sich nach den Keimblättern das erste normale Blattpaar entwickelt hat, muss man die Sämlinge in größere Töpfe pikieren. Und alle wollen hinterher wieder einen hellen Platz genießen, sonst bekommen sie helle und lange Triebe – sie »vergeilen«. Gleiches passiert, wenn Sie zu lange mit dem Pikieren warten und sich die Pflanzen das Licht streitig machen.

LANGSAM ABHÄRTEN

So einfach von drinnen nach draußen – das halten selbst robuste Jungpflanzen nicht aus. Deshalb sollten sie langsam an die Außentemperaturen und das direkte Sonnenlicht gewöhnt werden. Idealerweise stellt man sie dazu in ein Frühbeet, bei dem man tagsüber die Fenster zum Lüften öffnen kann. Wo diese Möglichkeit fehlt, bringt man die Jungpflanzen gegen Ende April an einen geschützten Platz und deckt sie auf jeden Fall nachts mit einem Vlies ab. Bei Frost schützt man zusätzlich mit einem Wärmevlies. Nach den Eisheiligen kann dann in gut gelockerte Erde ausgepflanzt werden. Gießen und regelmäßig Düngen nicht vergessen!

Die Glockenrebe gehört zu den Kletterkünstlern im Garten. Wer ihr einen frühen Start verschaffen will, zieht sie im Haus vor. Die centgroßen Samen benötigen einen Kältereiz zum Keimen – Stratifizierung nennt man das. Gekaufte Samen sind meist vorbehandelt; selbst gesammelte Samen bekommen ihn, wenn man sie für zwei Wochen im Kühlschrank lagert.

1

2

Samen über Nacht in Wasser quellen lassen. Töpfe mit nährstoffarmer Anzuchterde füllen, leicht andrücken. Nach Anleitung mit Erde bedecken, gut anfeuchten.

3

Unter einer lichtdurchlässigen Abdeckung oder Kunststofftüte keimen die Samen schnell. Das Gewächshausklima sorgt für hohe Luftfeuchtigkeit. Wichtig dabei ist: täglich lüften und die Erde feucht, aber nicht zu nass halten.

4

Drohen Mitte Mai keine Nachtfröste mehr, können die Jungpflanzen nach draußen. Bitte zuerst einige Tage an einem geschützten Platz ans Freiluftklima gewöhnen. Erst dann an ihrem endgültigen Platz im Beet auspflanzen. Am besten gleich von Anfang an mit einer Rankhilfe versorgen.

UND SO GEHT'S WEITER

Sommerblumen aus Samen bilden einfach selbst wieder gerne Samen. Doch das kostet Kraft auf Kosten der Blütenneubildung. Bei vielen Sommerblumen ist das Ausbrechen von Abgeblühtem oder ein Rückschnitt wie eine Verjüngungskur. Blühen ist Höchstleistung, deshalb brauchen die Blumen immer ausreichend Nahrung und Wasser. Vor allem Sommerblüher im Topf düngt man einmal wöchentlich oder mit einem Langzeitdünger. Sommerblumen im Gartenbeet reicht meist eine Grundversorgung mit organischem Dünger beim Auspflanzen und eine zweite Gabe im Juni. Im Boden sind Sommerblumen insgesamt besser versorgt.

Unkraut oder Sommerblume? Diese Frage stellt sich regelmäßig beim Betrachten der keimenden Saat. Also gut hinsehen und nicht zukünftige Blütenpracht vernichten!

Erscheint das erste »echte« Blattpaar, ziehen die Sämlinge aus der Anzuchtschale in eigene kleine Gefäße um.

Schnecken bekämpfen

Schnecken lieben nicht nur zartes Gemüse. Saatdahlien, Sonnenblumen und Studentenblumen gehören ebenfalls zu ihren Lieblingsspeisen. Vorgezogene Pflanzen von der Fensterbank oder aus dem Gewächshaus haben einen Vorsprung und sind nicht gleich abgefressen. Doch am sichersten ist es, den Schnecken selbst zu Leibe zu rücken. Hacken und lockern Sie regelmäßig den Boden. Bekämpfen Sie die Kriecher am besten schon im zeitigen Frühjahr. Als umweltfreundlich haben sich Schneckenbekämpfungsmittel mit dem Wirkstoff Eisen-III-Phosphat bewährt.

Pikieren

Schnell ist es passiert: Die Pflanzen stehen nach dem Keimen einfach zu eng und behindern sich gegenseitig im Wachstum. Doch glücklicherweise lassen sie sich schon als Winzlinge umsetzen. Der richtige Zeitpunkt ist, wenn sich nach den Keimblättern das erste echte Blattpaar gebildet hat. Seien Sie vorsichtig und zerren Sie nicht an den Pflänzchen. Sie können diese leicht lockern, indem Sie mit einem Pikierstab oder einem Essstäbchen die Erde etwas anheben. So kann man die Pflanzen besser entnehmen. Für den neuen Platz bohren Sie mit einem Stab ein Loch in die Erde. Ist die Wurzel zu lang, kann sie mit Daumen und Zeigefinger ein kleines Stück angeknipst werden. Geben Sie das bruchempfindliche Pflänzchen vorsichtig in das »Pflanzloch«. Es kann jetzt etwas tiefer sitzen als zuvor. Bitte sofort angießen!

Selbstaussaat

Bei Winterannuellen wie Bartnelken, Goldlack, Königskerzen oder Hornveilchen ist Selbstaussaat weit verbreitet. Zwei Wochen nach dem Verblühen stellen sich rund um die Mutterpflanzen die ersten Sämlinge ein. Wo sie zu dicht wachsen, muss man vereinzeln. Oder die Sämlinge in Töpfe oder Schalen mit Vermehrungserde pikieren und im Anzuchtbeet weiterkultivieren. Dann kann man sie im Herbst dort pflanzen, wo man sie haben will.

TIPP: Manche Winterannuelle wie Königskerzen sind an trockenen Plätzen ideal. Schüttelt man die reifen Samen im Sommer dort aus, wachsen sie im feuchten Herbst. Bis zum Frühjahr bildet sich eine kräftige Pfahlwurzel – gießen überflüssig!

Die hohen Stockrosen blühen erst im zweiten Jahr. Sie gehören zu den Winterannuellen.

Die winterannuellen Königskerzen »wandern« durch den Garten. Auch bereits abgestorben wirken die Blütenkerzen noch sehr apart.

TÖPFE & KÜBEL BEPFLANZEN

GESTATTEN: ICH BIN EIN TOP(F)MODEL!

Topfgärtnern ist »in«, und zwar nicht nur beim Urban Gardening auf innerstädtischen Balkonen. Auch Gartenbesitzer setzen öfter mal auf Kübel: am Hauseingang, auf der Terrasse oder einfach als mobiles grünes Reich, das problemlos umziehen kann.

Das Topfvolumen sollte auf jeden Fall größer sein als der durchwurzelte Ballen.

Ein Leben im Topf ist für alle Pflanzen eine ganz andere Situation als im Beet: weil der Wuchsraum ihrer Wurzeln beschränkt ist, weil sie oft mit einem wind- oder sonnenexponierten Standort auf dem Balkon oder auf der Terrasse zurechtkommen müssen. Die gute Nachricht: Viele Züchter haben reagiert und Sorten entwickelt, die kompakt wachsen und mit relativ wenig Erde auskommen. Nicht nur klassische »Balkonblumen«, auch Stauden, Zwiebelblumen, Kletterpflanzen, Gehölze – allen voran Obst und Beeren – blühen, grünen und fruchten, was das Zeug hält! Natürlich müssen die Voraussetzungen dafür stimmen! Dazu gehört, dass man wie im Garten die Standortbedürfnisse der Pflanzen hinsichtlich Sonne und Schatten berücksichtigt (> ab Seite 9). Und zwar ganz besonders sorgfältig, denn auf einem Südbalkon kann's noch viel heißer sein als in der gleichen Exposition direkt am Boden. Sonnenschutz in Form eines Schirms oder Sonnensegels kann dann durchaus sinnvoll sein.

DER PASSENDE TOPF

Pflanzgefäße gibt's in allen Formen, Farben und Größen. Soll der Kübel das ganze Jahr über draußen bleiben – also frostsicher sein –, eignen sich Holz, Ton oder Kunststoff (alle mit Kunststoffeinsatz) am besten. Vorsicht ist bei metallischen oder dunklen Gefäßen angebracht, weil die sich stark aufheizen können (bis zu 60 °C). Pflanzenzellen sterben bei diesen Temperaturen ab. Empfindliche Pflanzen wie Zauberglöckchen überstehen dies kaum.

Das sollten Sie bei der Auswahl beachten:

• Wählen Sie die Gefäße ausreichend groß. Ein kleiner Obstbaum braucht natürlich mehr Raum als eine Balkonblume.

• Vorsicht bei konischen oder zylindrischen Kübeln! Bei kopflastiger Bepflanzung kippen sie leicht um. Eventuell kann man Steine zum Beschweren an den Topfboden legen.

• Sich nach oben verjüngende Gefäße sehen zwar hübsch aus, beim Umtopfen muss man oft aber entweder Pflanze oder Topf opfern.

• Würfelförmige Kübel mit großer Standfläche wirken nicht nur optisch stabiler, sondern geben insbesondere Hochstämmchen einen sicheren Stand. Und der Wuchsraum lässt sich optimal nutzen!

• Farbe und Oberfläche sollten am Gartenambiente anknüpfen. Halten Sie an einem einheitlichen Stil fest – das wirkt optisch am besten.

• In windigen Lagen sollte man die Gefäße, besonders wenn sie außen am Balkon hängen, unbedingt sicher befestigen.

• Rollbare Untersetzer erleichtern den Transport. Sind Gäste auf dem Balkon, kann man die Pflanzen auch mal in die Ecke schieben.

Vor allem eckige Formen lassen sich gut an einer Mauer aneinanderreihen.

EIGNUNGSTEST FÜR GEFÄSSE

Alle Pflanzenarten haben ähnliche Ansprüche an ihr Wuchsgefäß:

• **Ablauf:** Die Pflanzgefäße müssen am Boden mit Löchern versehen sein, aus denen überschüssiges Wasser abfließen kann. Sind keine Öffnungen vorhanden, muss man diese nachträglich mit der Bohrmaschine bzw. mit Hammer und Nagel anbringen.

• **Drainage:** Damit der Ablauf nicht mit Erde verstopft, legt man Tonscherben oder flache Steine darüber. Eine Drainageschicht aus Kies oder Blähton kann ebenfalls sinnvoll sein. Zwischen Erde und Drainageschicht legt man ein wasserdurchlässiges Vlies. Dies verhindert, dass Erde nach unten ausgewaschen wird und es zu Stau in der Drainageschicht kommt.

• **Immer sauber bleiben:** Ein Untersetzer ist fast immer Pflicht, schließlich soll der Boden gerade auf Balkon und Terrasse nicht mit Erde verklebt sein. Außerdem besteht sonst die Gefahr, dass die Platten durch die aus der Erde austretenden Huminsäuren verfärbt werden.

• **Frostsicher:** Bleiben die Töpfe im Winter draußen, sollten sie nicht direkt am Boden stehen. Friert das Gefäß am Boden fest, können die Sprengkräfte des gefrorenen Wassers selbst frostfeste Kübel zerstören. Stellen Sie diese deshalb auf kleine Füße, die es zu kaufen gibt, oder legen Sie einfach ein paar Holzleisten oder Styroporplatten gleicher Stärke unter.

DAS PASSENDE SUBSTRAT

Topferde gibt es in unterschiedlichen Qualitäten und für verschiedene Zwecke:

• **Blumen-** oder **Balkonblumenerde** eignet sich für blütenreiche und wuchsfreudige Kübel- und Balkonblumen, die einen Sommer lang Höchstleistungen bringen. Diese Erden bestehen aus unterschiedlichen organischen Substanzen und sind oft gut vorgedüngt. Erden mit Tonanteilen können dank ihres Pufferungsvermögens Schwankungen im Nährstoff- und Wasserhaushalt bis zu einem gewissen Maß ausgleichen.

Kästen mit Wasserreservoir verringern den regelmäßigen Gießaufwand.

• Sollen Pflanzen über mehrere Jahre in dem Topf wachsen, greift man am besten zu **Kübelpflanzenerde**. Sie ist aufgrund zusätzlicher mineralischer Bestandteile wie Lavakies, Ziegelsplitt und Blähton strukturstabiler. Das bedeutet, dass sie auch über einen längeren Zeitraum locker und daher gut durchlüftet bleibt.

• Mittlerweile gibt es rein **mineralische Erden**, wie Lechuza-Pon oder Seramis®. Sie enthalten meist Lava, Bims und Zeolith sowie Langzeitdünger. Mineralische Erden sind kostspieliger als herkömmliche Erde, aber die Pflanzen wachsen hervorragend darin.

NAHRUNGSNACHSCHUB

Pflanzen mit trockenen Wurzelballen erst gießen und ein bis zwei Stunden später düngen. Dünger trocknen Pflanzen zusätzlich aus!

• Zum Düngen verwendet man bei **Topfpflanzen** einen langsam wirkenden Dünger, der nach Packungsangabe ausgebracht wird.

• Von März bis August haben **blühende Kübelpflanzen** wie Bougainvillea oder Passionsblume einen zusätzlichen Nährstoffbedarf, danach ist die Düngung einzustellen, damit die Pflanzen ihr Wachstum rechtzeitig vor dem Winter abschließen und ihre Ruhephase einlegen können. Diese Diät macht sie zudem unempfindlicher gegenüber kühleren Temperaturen.

• **Winterharte Kübelpflanzen** erhalten, sofern sie im Frühjahr nicht umgetopft wurden, ebenfalls eine Düngung, und zwar am besten zu Beginn der Vegetationszeit in Form eines Langzeitdüngers. Weitere Tipps finden Sie bei den jeweiligen Arten auf den folgenden Seiten.

BEWÄSSERUNG

Gießen – das ist die Tätigkeit, die bei Pflanzen im Kübel am häufigsten ansteht, besonders im Sommer. Wie viel Wasser eine Pflanze benötigt, ist von vielen Faktoren wie Wind, Temperatur, Exposition, aber auch von ihrem individuellen Bedarf abhängig.

• Gegossen wird möglichst morgens oder abends, nicht um die Mittagszeit.

• Zu viel Wasser ist genauso schlecht wie zu wenig, denn die häufigste Ursache für kränkelnde Balkonblumen ist falsches Gießen und Staunässe. Denn zu nasse Erde begünstigt Pilzerkrankungen, die Wurzeln oder auch die Pflanze an der Basis abfaulen lassen.

• Verlassen Sie sich beim Gießen nicht zu sehr auf das Aussehen der Pflanzen, denn »schlappe« Triebe sind nicht immer ein Hinweis auf Wassermangel! Stehen Pflanzen ständig im Wasser, sterben die Wurzeln ab. Andererseits leiden Pflanzen sehr, wenn sie immer wieder stark austrocknen. Kontrollieren Sie also regelmäßig den Feuchtigkeitsgehalt der Erde. Man kann den Topf oder den Balkonkasten aber auch intelligent ausstatten:

• Materialien wie **Perlite** oder **Lava** in der Pflanzerde fungieren als Wasserspeicher und geben das überlebensnotwendige Nass nach und nach an die Pflanzen ab.

• **Wasserspeichermatten**, die am Boden eines Pflanzgefäßes ausgelegt werden, speichern bis zum Sechsfachen ihres Gewichts an Wasser.

• **Pflanzgefäße mit integriertem Wasserreservoir** punkten mit einem Speicher, der – räumlich separiert vom Substrat – mehrere Liter fassen kann. Über Fühler (z.B. Tonkegel, Dochte aus Filz) können sich die Wurzeln bedienen. »Betankt« wird das Wasserreservoir mit Gießkanne oder Schlauch über einen Einfüllstutzen.

• Aller Sorgen ledig ist man, wenn auf Balkon oder Terrasse ein Wasseranschluss und eine Steckdose vorhanden sind. Dann kann man automatische **Bewässerungsanlagen** einsetzen, die auch während des Urlaubs die Wasserversorgung gewährleisten.

Befüllt wird der »Tank« am Boden des Kastens über einen kleinen Stutzen.

TIPP: Eine Mulchschicht verhindert auch bei Töpfen, dass Wasser einfach verdunstet, ohne dass es den Pflanzen zugutekommt. Kieselsteine, Vlies, Rindenhumus – vieles eignet sich als Verdunstungsschutz und sieht überdies ansprechend aus. Hier gilt gleichfalls: Vor dem Gießen genau prüfen, ob die Pflanzen wirklich Wasser benötigen.

GEHÖLZE IM TOPF

Neben kleinwüchsigen Formen, die man beispielsweise oft bei den immergrünen Nadel-
gehölzen findet, eignen sich vor allem Arten und Sorten, die speziell für die Kultur in Kübel
und Topf gezüchtet wurden. Besonders bei den Obstgehölzen hat sich in den letzten Jahren
einiges getan (»Obstzwerge«, »kleinwüchsig«). Ein Platzsparwunder sind schlank wachsende
Säulenobstbäume. Sie entwickeln sich so kompakt, dass man sie sogar als Sichtschutz nutzen
kann. Der Schnittaufwand hält sich in Grenzen. Gedüngt wird nach individuellem Bedarf.
Kritisch ist für alle Gehölze im Topf die Winterzeit: Damit Ballen und Wurzeln nicht zu schnell
schockgefrostet werden, ist ein schützender Mantel aus Strohmatten, Luftpolsterfolie oder
Ähnlichem empfehlenswert. Frosttrocknis ist bei immergrünen Pflanzen auf Südbalkonen ein
Thema: An kalten Wintertagen verdunsten sie über ihre Blätter Wasser, ohne dass über die
Wurzeln Nachschub geliefert wird. Darum bitte an frostfreien Tagen das Gießen nicht
vergessen beziehungsweise die Pflanzen über den Winter in den Schatten stellen, während
der kalten Monate im Garten eingraben oder auch im Winter regelmäßig gießen.
Um festzustellen, ob ein Umtopfen nötig ist, heben Sie die Pflanze aus ihrem Gefäß. Wenn
mehr Wurzeln als Erde zu sehen sind, ist ein größerer Kübel angesagt. Sollte dies nicht mehr
möglich sein, können Sie auch nur einen Teil der Erde auswechseln.

Im Kommen: Obst und Beeren

Viele Obstgehölze, etwa kleinwüchsige Strauchheidelbeeren, kommen schon mit Töpfen ab
20 Liter Fassungsvermögen zurecht. Noch lieber werden natürlich Gefäße mit 60 Litern
akzeptiert. Die Ansprüche an die Erde sind individuell unterschiedlich:
• Heidelbeeren wachsen nur in saurer Erde gut.
• Himbeeren sind mit handelsüblicher Blumenerde vollauf zufrieden. Ideal für die Ernte:
zweimal tragende Sorten pflanzen. So kann man von Juli bis Oktober Himbeeren naschen.
Der Rückschnitt erfolgt im Frühjahr, entfernt werden alte vertrocknete Triebe.
• Die meisten Brombeersorten wachsen deutlich stärker als Himbeeren. Darum brauchen
diese frohwüchsigen Pflanzen eine Kübelgröße von etwa 40 bis 50 Litern.

ROSEN IM TOPF

Rosen kann man in Kübeln und Containern besonders intensiv erleben. Grundvoraussetzung
ist aber immer ein sonniger Standort. Als Pflanzen mit tiefreichenden Wurzeln sind Rosen für
ein Wachstum in Gefäßen nicht gerade prädestiniert. Die Pflanztiefe (= Substratstärke) des
Kübels sollte deshalb mindestens 40 bis 50 Zentimeter betragen. Im Zweifelsfall immer zum

*Kleinwüchsige Apfel-
bäume: speziell für
Topfkultur gezüchtet*

Rosen sind Tiefwurzler, sie brauchen entsprechend tiefe Gefäße (links). Funkien bleiben eingetopft von Schnecken verschont (rechts).

größeren Gefäß greifen, die Rose wird es Ihnen danken! Doch auch für kleinere Gefäße und tiefe Balkonkästen gibt es eine passende Lösung: Hier hinein passt wurzelechte Pflanzware (> Seite 59). Diese Rosen müssen nicht so tief gepflanzt werden, da sie keine Veredelungsstelle aufweisen. Als Dünger hat sich ein ummanteltes Langzeitpräparat bewährt, das die Nährstoffe über einen Zeitraum von vier bis sechs Monaten abgibt.

Generell sollte man nur besonders frostharte Sorten in den Kübel pflanzen. Doch selbst robuste Arten vertragen kein schockartiges Einfrieren der Wurzeln. Deshalb ist ein ausreichender Frostschutz im Wurzelbereich in jedem Fall Pflicht.

Für Kübel besonders gut geeignet sind Bodendeckerrosen oder Kleinstrauchrosen. Niederliegend wachsende Sorten werden zum Hingucker, wenn sie über den Topfrand überhängen können, aufrecht wachsende Rosen lassen sich prima mit Stauden kombinieren. Auch Hochstammrosen kommen im Kübel gut zur Geltung und sind als solche mehr als beliebt. Die langen Triebe von Kletterrosen kann man über eine Brüstung hängen lassen.

Übrigens: Trotz bester Pflege werden Rosen in Kübeln generell nicht alt. Strauchrosen beispielsweise kann man für etwa drei bis vier Jahre im Kübel gesund und blühwillig erhalten.

STAUDEN IM TOPF

Wer keine Zeit und Lust hat, jedes Jahr Kübel und Kästen neu zu bepflanzen, dabei aber dennoch Blüten genießen will, ist mit Stauden gut beraten. Vor allem schwach wachsende, mittelgroße Stauden oder Vertreter aus dem Lebensbereich

Wie viel Erde muss in den Topf?

- Kasten mit 40 Zentimeter Länge: 8 Liter
- Kasten mit 40 Zentimeter Länge, breit: 10 Liter
- Kasten mit 60 Zentimeter Länge: 10 Liter
- Kasten mit 60 Zentimeter Länge, breit: 13 Liter
- Kasten mit 80 Zentimeter Länge: 12 Liter
- Kasten mit 80 Zentimeter Länge, breit: 16 Liter
- Kasten mit 100 Zentimeter Länge: 16 Liter
- Kasten mit 100 Zentimeter Länge, breit: 23 Liter

»Steinanlagen« (> Seite 73) kommen mit dem Leben im Topf gut zurecht. Zu hohe Pflanzen werden leicht vom Wind abgeknickt. Bei geschickter Zusammenstellung (> Seite 78) – gut ist eine Mischung aus Blüten- und Blattschmuckstauden sowie Gräsern – bieten sie rund ums Jahr einen ansprechenden Anblick. Der passende Standort und der richtige Boden sind auch hier das A und O. Gut ist eine Drainageschicht im Untergrund, die durch ein Vlies von der Pflanzerde getrennt ist. Viele robuste Stauden, wie zum Beispiel Funkien, brauchen gar nicht so sehr einen Winter-, sondern schon eher einen Nässeschutz.

<table>
<tr><td>

So viel Pflanzen passen rein:

- Balkonkasten mit 60 Zentimeter Länge, schmal: 3 Pflanzen
- Kasten mit 60 Zentimeter Länge, breit, Wasserspeicher: 3–5 Pflanzen, versetzt
- Balkonkasten mit 80 Zentimeter Länge, schmal: 4–5 Pflanzen
- Kasten mit 80 Zentimeter Länge, breit, Wasserspeicher: 5–7 Pflanzen, versetzt
- Balkonkasten mit 100 Zentimeter Länge, schmal: 5–6 Pflanzen
- Kasten mit 100 Zentimeter Länge, breit, Wasserspeicher: 7–8 Pflanzen, versetzt
- Kübel mit einem Durchmesser von 30 Zentimetern: 3–4 Pflanzen

</td></tr>
</table>

ZWIEBELBLUMEN IM TOPF

Ein Highlight für alle, die den Frühling herbeisehnen, sind Frühlingsblumenzwiebeln in Töpfen und Kübeln. Wählen Sie vorzugsweise kompakte, gedrungen wachsende Vertreter! Diese am besten in mindestens 30 Zentimeter tiefe Gefäße und in mit grobem Sand gemischte Erde pflanzen. Der günstigste Pflanzzeitpunkt ist September bis Oktober.

Frost macht den Frühlingsblühern nichts aus – ganz im Gegenteil: Sie brauchen die Kälte, um die Blühhemmung der Zwiebel abzubauen. Zum Schutz vor starker Kälte sollte man kleine Kästen an der Hauswand aufreihen oder mit Reisig abdecken. Viel mehr zu schaffen macht Zwiebeln wie Stauden die Winternässe. Generell gilt: Wenn die Zwiebelblumen im Gefäß nicht mehr befriedigend blühen, werden sie im Garten ausgepflanzt.

KLETTERPFLANZEN IM TOPF

Kletterpflanzen sind meist frohwüchsig und benötigen daher einen Topf mit viel Erdvolumen (10 bis 30 Liter). Einjährige Kletterer können Rankgitter an Hauswänden, aber auch eine frei stehende Pyramide aus Bambusstäben verschönern. Mit stark wachsenden Sorten wie Glockenreben und Feuerbohnen wären Letztere hingegen überfordert. Besonders beliebt ist die Schwarzäugige Susanne, die sogar in großen Balkonkästen als Kletter- und Hängepflanze wachsen kann. Vorgezogene Pflanzen sind ab April in nahezu allen Gartencentern erhältlich, man kann sie aber auch selbst aus Samen ziehen. Dann bitte rechtzeitig mit der Voranzucht beginnen (> Seite 122). Je nach Wüchsigkeit stellen Kletterpflanzen verschiedene Ansprüche an die Nährstoffversorgung. Daher erfolgen die Düngergaben individuell nach Art.

KURZLEBIGE IM BALKONKASTEN

Ab Ende April stehen die Balkonblumen für die Sommerbepflanzung bei den Gärtnereien in den Startlöchern. Am passenden Platz und in hochwertiger Erde machen sie bis zum ersten Frost viel Freude. So vertragen schattenliebende Pflanzen wie zum Beispiel Fuchsien und Fleißige Lieschen keine sengende Sonne oder Hitze. Verbenen, Nelken und Geranien wachsen dagegen nur allzu gern unter diesen Bedingungen. Generell sollten sich Pflanzen, die bisher unter Glas gewachsen sind, erst an die Sonne gewöhnen können.

Bepflanzen Sie die Gefäße nicht zu dicht (> Info), denn die Sommerblumen brauchen noch viel Platz zum Wachsen. Lassen Sie den jungen Pflanzen eine Handbreit Platz zur nächsten. Stark wachsende Sorten wie Petunien und Hängegeranien brauchen zwei Handbreit Abstand. Bei Frühlings- und Herbstbepflanzung können die Abstände zwischen den Pflanzen hingegen viel geringer sein, denn sie wachsen kaum noch und sind auch nur relativ kurze Zeit in den Gefäßen. Hier können Sie also ohne Rücksicht auf den natürlichen Platzbedarf sehr eng pflanzen.

Üblicherweise werden die Balkonblumen nach der Anwachsphase ein- bis zweimal pro Woche mit Flüssig- oder Nährsalzdünger versorgt. Flüssigdünger haben sich aufgrund ihrer unkomplizierten Handhabung in den letzten Jahren durchgesetzt. Sie sind allerdings teurer als die Nährsalz-Dünger, die erst im Wasser aufgelöst werden müssen. Je stärker die Pflanzen wachsen, desto mehr Dünger benötigen sie!

Und noch ein letzter Tipp zum Abschluss: Viele Balkonblumen legen im Hochsommer eine Blühpause ein. Schneiden Sie Strauchmargeriten, Elfenspiegel, Polarstern und Ähnliches um ein bis zwei Drittel zurück, falls der Blütenflor nachlässt und die Pflanzen unansehnlich werden. Nach dem Rückschnitt treiben sie neu aus und setzen wieder reichlich Knospen an. Generell motiviert das Ausputzen die Pflanzen zum »Blütennachschub«.

Nur nicht zu eng pflanzen – einjährige Sommerblumen brauchen noch Raum zum Wachsen.

Die Herbstbepflanzung kann hingegen enger sein: Die Pflanzen wachsen jetzt kaum mehr.

STEP BY STEP: KÜBEL RICHTIG BEPFLANZEN

Das ganze Jahr über freut man sich über eine abwechslungsreiche Balkon- oder Topfbepflanzung. Übrigens: Viele Insekten wissen eine blühende Nahrungsquelle zu schätzen. Tun Sie ihnen den Gefallen und wählen Sie einige Arten mit viel Pollen und Nektar.

1

Ohne Drainagelöcher geht's nicht. Damit sie nicht verstopfen, legt man eine Tonscherbe oder etwas Vlies über die Öffnung. Zusätzlich können einige Zentimeter Blähton den nötigen Wasserabzug gewährleisten.

2

Füllen Sie den Kasten bis knapp unter den Rand mit guter Blumenerde. Optimalerweise sollte darin bereits ein Langzeitdünger enthalten sein. Die Pflanzen vor dem Setzen gut wässern. Hierzu am besten mitsamt Topf in ein Gefäß mit Wasser stellen, bis keine Luftblasen mehr aufsteigen.

3

Die Pflanzen nach dem Austopfen im passenden Abstand im Gefäß platzieren. Verdichtete Wurzeln vorsichtig lockern, den Ballen etwas aufrauen. Das erleichtert das Anwachsen. Fehlende Erde bis 2 Zentimeter unter den Rand auffüllen und am Topfrand gut andrücken.

4

Gründlich angießen. Das Wässern auch in der Folgezeit je nach »Durst« der Pflanzen wiederholen. Ist der Langzeitdünger aufgebraucht, sollte man für eine stetige Blüte wöchentlich mit einem Flüssigdünger für weitere Nahrung sorgen.

ADRESSEN & INFO

BASICS

Bodenanalyse

Sie liefert Aussagen zu Bodenart, Nährstoffgehalt usw., gibt konkrete Dünge- und Nichtdüngeempfehlungen: Manche Böden sind mit Phosphat überdüngt. www.bodengesundheitsheitsdienst.de

Mutterboden-Börse

Humusreichen Oberboden kaufen oder abgeben unter www.mutterboden.de

Pflanzenauswahl

Bewusst haben wir in diesem Ratgeber weitgehend auf Arten- und Sortenvorschläge verzichtet, weil Sie individuell für Ihren Bedarf auswählen sollen. Es gibt tolle Apps und Internetseiten:

Stauden-Ratgeber: Damit kann man aus über 1400 Arten auswählen, nach Standort, Blütezeit, Farbe oder Wuchshöhe usw.

Tree-Ebb: Mit dieser Suchmaschine einer niederländischen Baumschule können Sie sich zu einer Auswahl von Bäumen durchklicken. Parameter sind: geografische Lage, Boden, Gartenkonzept, aber auch Blütezeit, Blütenfarbe, Blattfarbe, Herbstfärbung und vieles mehr.

Pflanz-o-mat®: Dieser Service der Baumschule Horstmann führt mit wenig Antworten zur Wunschpflanze bei Stauden, Kletterpflanzen, Heckenpflanzen, Kirschlorbeer, Rosen, Clematis, Rhododendron.

Online-Bestellung

Kleine, bei Weitem nicht erschöpfende Auswahl von Vorschlägen! Am besten auch vor Ort schauen oder auf Gartenmärkten die Anbieter besuchen (www.gartenlinksammlung.de):

Olerum.de: Der Pflanzen-Shop vom Verband Deutscher Garten-Center; beteiligt sind 200 inhabergeführte Gartencenter sowie 170 Hersteller und Lieferanten.

pflanzenversand-gaissmayer.de: Mit Stauden gestalten in den unterschiedlichsten Themenwelten. Die Beschreibungen sind teils Garten-Lyrik pur!

Graefin-von-Zeppelin.de: Qualitativ hochwertige und winterharte Stauden. Spezialist für Schwertlilien. Ein Schmankerl: Die Staudenbeet-Ideen mit Pflanzplan und Pflegeanleitung. Zu finden unter Beet-Ideen.

Stauden-Stade: Die »ganze Welt der Stauden« mit Schnellsuche nach Verwendung, Licht, Boden und Blütenfarbe. Fertige Pflanzenkonzepte für jede Garten- und Lebenslage.

Staudenring: Acht kompetente Staudengärtner findet man unter www.staudenring.com. Stauden aus der Region für die Region.

Lve-baumschule.de: Eine der größten Baumschulen, Lorenz von Ehren, mit riesengroßem Gehölz- und Staudensortiment. Der Katalog ist Kult. Toll die Planungshilfen und der Größenvergleich, was man sich alles herunterladen kann.

Baumschule Bruns (www.bruns.de): Ein »Leuchtturm« in Sachen Gehölze. Auf knapp 1000 Seiten führt Professor Warda mit dem legendären Katalog durch die Welt der Garten- und Landschaftsgehölze.

Lubera: In Sachen Obst und Beeren genau die richtige Adresse. Das Know-how zum Anbau liefert Chef Kobelt über eine Videoplattform (www.gartenvideo.com).

Rosen

Umfassende Sorten-Informationen unter www.europa-rosarium.de. Züchter findet man unter www.rosenparadies-loccum.de.

Kletterpflanzen

Umfassende Informationen, vor allem auch zu Ranksystemen, findet man unter www.fassaden-gruen.de.

Blumenzwiebeln

www.gewiehs-blumenzwiebeln.de, www.baldur-garten.de oder an der Quelle: www.bulbi.nl.

Samen

Gute Auswahl bei Dreschflegel, Rühlemanns, Thysanotus.

HILFSMITTEL

Wurzelsperre

Eine Grenze für ausufernde Pflanzen bietet die RootBarrier: www.kingrootbarrier.com

Wurzelschutz

Probleme mit Wühlmäusen? www.wuehlmauskorb.de

Verbessertes Anwachsen

Präparate auf Algenbasis erleichtern das Anwachsen, fördern Wurzelwachstum und Bodenleben. Beispielsweise www.alginure.de

Wann was tun?

Die Gartenkalender-App hilft Anfängern wie Profis weiter.

Winterhärtezonen

Wie viel Frost erwartet eine Pflanze in welcher geografischen Region? Welche sind geeignet? Informationen unter http://www.deutsches-pflanzen-forum.de/winterhaertezonen.php

Pflanzengesundheit

Mit der Pflanzendoktor-App herausfinden, was Pflanzen kränkeln lässt. Große Bilder erleichtern die Diagnose. Mit Tipps zu umweltverträglichen Bekämpfung.

LITERATUR

Barlage, A.:
Das große Ulmer Rosenbuch.
Ulmer Verlag, Stuttgart

Borchardt, W.:
Pflanzenverwendung.
Ulmer Verlag, Stuttgart

Breier, C.:
Einfach schöne Beete.
Gräfe und Unzer Verlag, München

Haas, H.:
Das große GU Praxishandbuch Pflanzenschnitt.
Gräfe und Unzer Verlag, München

Hägele, T.:
Turbo-Pflanzen: Schnelle, effektvolle Begrünung.
BLV Buchverlag, München

Reif, J.:
Blackbox-Gardening. Mit versamenden Pflanzen Gärten gestalten.
Ulmer Verlag, Stuttgart

Stangl, M.:
Das BLV Handbuch Stauden.
BLV Buchverlag, München

DANK

Ein Dank an alle Züchter und Fachleute in Staudengärtnereien, Rosen- und Baumschulen usw., die in Gesprächen ihr Wissen mit uns geteilt haben!

WICHTIGE HINWEISE

REGISTER & BILDNACHWEIS

BILDNACHWEIS

GARTENLUST PUR.

ISBN 978-3-8338-5066-0

ISBN 978-3-8338-6641-8

ISBN 978-3-8338-6535-0

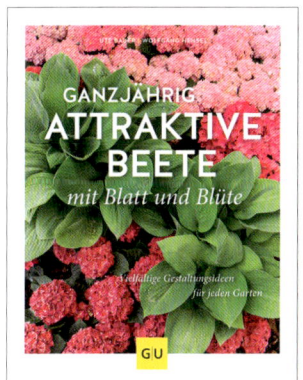

ISBN 978-3-8338-6867-2

ISBN 978-3-8338-6532-9

ISBN 978-3-8338-3946-7

 Auch als eBook erhältlich.

IMPRESSUM

Projektleitung: Elena Gabler
Lektorat: Dr. Stefanie Gronau
Korrektorat: Annette Baldszuhn
Bildredaktion: Ute Rather
Umschlaggestaltung und Layout: independent Medien-Design, Horst Moser, München
Satz: Marion Feldmann
Herstellung: Susanne Fuhrmann
Reproduktion: Longo AG, Bozen
Druck und Bindung: Druck- und Medienzentrum F&W, Kienberg
Printed in Germany

Umwelthinweis:
Dieses Buch ist auf PEFC-zertifiziertem Papier aus nachhaltiger Waldwirtschaft gedruckt.

ISBN 978-3-8338-6869-6

1. Auflage 2019

GRÄFE
UND
UNZER

Ein Unternehmen der
GANSKE VERLAGSGRUPPE

BRIGITTE GOSS

absolvierte eine Lehre zur Zierpflanzengärtnerin sowie eine Ausbildung zur Gartenbautechnikerin. Viele Jahre war sie als Fachautorin der Bayerischen Gartenakademie Veitshöchheim tätig. Seit 2012 ist Brigitte Goss Kreisgartenfachberaterin am Landratsamt in Schweinfurt. Dort berät sie Gemeinden zur Gestaltung öffentlicher Grünflächen, aber auch Bürger finden mit ihren Gartenfragen bei ihr Rat – für sie ein Traumjob. Zudem bringt Brigitte Goss ihre fachliche Kompetenz mit Charme und Witz als Gartenexpertin beim »MDR Garten« des Mitteldeutschen Rundfunks und bei »Wir in Bayern« des Bayerischen Rundfunk (BR) ein.

CHRISTA KLUS-NEUFANGER

ist Dipl.-Forstwirtin mit Schwerpunkt Ökologie und Landschaftsplanung und Journalistin. Seit 2001 schreibt sie – nach Stationen bei diversen Buchverlagen – regelmäßig für grüne Zeitschriften und Websites. An ihrer Arbeit liebt sie besonders den Austausch mit vielen Gärtnern, die sie auf ihren Reportagen trifft. Die Profis erzählen ihr unter anderem genau, was man beim Kultivieren bestimmter Pflanzenarten beachten muss.

 www.facebook.com/gu.verlag

QUALITÄTS
G|U
GARANTIE